Deutsch

7./8. Klasse

Gisela Mertel-Schmidt

Aufsatz: Inhaltsangabe

Mit heraustrennbarem Lösungsteil

Mentor Übungsbuch 801

Mentor Verlag München

Die Autorin: Gisela Mertel-Schmidt, Gymnasiallehrerin für Deutsch, Französisch und Ethik, Fachbetreuerin für Deutsch, Verfasserin von Artikeln in Pädagogik- und Fachzeitschriften, Mitglied im „Gutachterausschuss für die Gymnasien und Realschulen Bayerns" des Bayerischen Staatsministeriums für Unterricht und Kultus

Redaktion: Elke Sagenschneider

Illustrationen: Henning Schöttke, Kiel

In neuer Rechtschreibung

Umwelthinweis: Gedruckt auf chlorfrei gebleichtem Papier

Layout: Peter Glaubitz, auf der Basis des Layouts von Barbara Slowik, München

Umschlag: Iris Steiner, München

Satz: OK Satz GmbH, Unterschleißheim

Druck: Landesverlag Druckservice, Linz

Inhaltsverzeichnis

Unser Tipp für alle, die noch mehr wissen wollen:

Mentor Lernhilfen

Die sind Spezialisten im Erklären und machen fit fürs ganze Schuljahr!

Zum Thema „Aufsatzschreiben" gibt's die Bände:

Keine Angst vor dem Aufsatz! (5.–7. Klasse)
Beispiele und Übungen zu allen wichtigen Aufsatzformen
ISBN 3-580-63509-3

Aufsatzschreiben 1 (8.–10. Klasse)
Inhaltsangabe, Charakterisik, Referat
ISBN 3-580-63519-0

Aufsatzschreiben 2 (8.–10. Klasse)
Gedichtinterpretation, Erörterung
ISBN 3-580-63520-4

Vorwort

Hallo, liebe Schülerin, lieber Schüler,

du sollst eine Inhaltsangabe schreiben und weißt nicht genau, worauf es ankommt? Du möchtest noch ein bisschen trainieren, aber möglichst schnell und ohne viel Theorie?
Dann bist du hier richtig!

Du wirst sehen: Auch Aufsatzschreiben kann man lernen.
Und zwar jetzt besonders easy:

Treffsicher

Dieses Buch ist in **kleine Lernportionen** gegliedert.
→ So findest du dich besonders schnell zurecht.

Übersichtlich

Jede Lernportion umfasst genau eine **Doppelseite**.
→ So hast du immer alles auf einen Blick.

Einleuchtend

Jede Doppelseite beginnt mit einer kurzen, klaren **Regel**.
→ So weißt du immer sofort, worauf es ankommt.

Clever

Dann geht's ans **Üben** – ganz locker, Schritt für Schritt.
→ So bereitest du dich optimal vor.

Praktisch

Der **Lösungsteil** zum Heraustrennen passt seitengetreu dazu.
→ So kontrollierst du blitzschnell – ohne Suchen und Blättern.

Am besten gleich loslegen!

Aber Pausen nicht vergessen!

Viel Spaß und ganz viel Erfolg

wünscht dir

dein Mentor Verlag

Noch ein Tipp

Du hast noch mehr Nachholbedarf, aber keine Lust auf Nachhilfe? Dann versuch's doch mit den **Mentor Lernhilfen**: Schau mal auf die Seite gegenüber!

A Bevor es losgeht ...

1. ... mit diesem Buch: Einführung

Darum geht's!

Was ist eine Inhaltsangabe?

Eine **Inhaltsangabe** kommt im Alltag öfter vor, als du denkst, nicht nur in Buchbesprechungen, Filmkritiken, Lexikonartikeln usw. Ein Beispiel: Du hast ein Buch gelesen oder einen Film gesehen und willst einem Freund oder einer Freundin darüber berichten. Je genauer du das tust, desto besser kann er bzw. sie dir folgen.

Dabei helfen dir die **Regeln** für die Inhaltsangabe. Denn hier sollst du
- dich auf das Wesentliche konzentrieren,
- treffend und exakt formulieren.

Trainingsplan

Was lernst du in diesem Buch?

Dies wirst du hier lernen und üben – und einiges mehr, zum Beispiel:
- den Inhalt eines Textes verstehen,
- einen Text gliedern,
- Dinge und Abläufe zusammenfassen,
- einen Aufsatz schreiben und überarbeiten.

Du wirst feststellen, dass du vieles davon nicht nur für die Inhaltsangabe, sondern auch für andere Aufsätze, ja sogar für andere Fächer verwenden kannst. Denn kaum eine Fähigkeit ist so wichtig für die Schule (und fürs Leben!) wie die, sich gut ausdrücken zu können. Und das kann man lernen!

So klappt's!

Wie arbeitest du mit diesem Buch?

Du wirst hier mit **vier spannenden Texten** lernen, wie man eine Inhaltsangabe schreibt – und zwar **Schritt für Schritt**, Übung für Übung, sodass am Ende des Kapitels die Inhaltsangabe schon fast ganz fertig ist. Beim **fünften** und letzten **Text** kannst du's dann als Test alleine versuchen. Beginne auf jeden Fall mit der ersten Geschichte „Die Sehnsucht fährt schwarz", da es dabei um viel Grundsätzliches geht; ansonsten ist die Reihenfolge egal, auch bei den **drei Zwischenkapiteln** mit Übungen zum sprachlichen Ausdruck. Natürlich gibt es immer eine **Musterlösung** mit Hinweisen auf die Dinge, die auch in deinem eigenen Text vorkommen sollten!

2. ... mit der Klassenarbeit: Checkliste

Wenn du dieses Buch durchgearbeitet hast, bist du für eine Klassenarbeit optimal vorbereitet. Die folgende **Checkliste** hilft dir dabei, selbstständig eine Inhaltsangabe zu schreiben.

Erstens

Vorbereiten
Erst verstehen – dann schreiben!
- den Text mehrmals (mindestens zweimal) genau durchlesen
- Wort- und Sachfragen klären, z. B. mit Wörterbuch oder Lexikon
- ungewohnte Formulierungen und Bilder entschlüsseln
- den Text verstehen:
  - die Kernaussage herausarbeiten
  - literarischer Text: Handlungsverlauf und Personendarstellung erfassen
  - Sachtext: die Absicht des Autors klären
  - wichtige Stellen unterstreichen
- Sinnabschnitte markieren
- Sinnabschnitte zusammenfassen
- Sinnabschnitte ordnen, wenn nötig:
  - literarischer Text: in zeitlicher Reihenfolge
  - Sachtext: in gedanklicher Reihenfolge

Zweitens

Schreiben
Aufsatzschreiben ist keine Hexerei!
- im Präsens schreiben
- keine wörtliche Rede verwenden
- Inhalt raffen, Unwichtiges weglassen
- Zusammenhänge trotzdem genau erklären
- die Kernaussage formulieren
- den Inhalt in eigenen Worten wiedergeben
- sachlich schreiben
- Einleitung schreiben, wenn verlangt
- Stellungnahme formulieren, wenn verlangt

Drittens

Überarbeiten
Der letzte Schliff!
- den Aufsatz noch einmal kritisch (!) durchlesen
- prüfen, ob alle Dinge unter „Zweitens" beachtet wurden
- wenn nicht: die betreffende Stelle überarbeiten
- Rechtschreib- und Grammatikfehler verbessern

B   Text 1

Die Sehnsucht fährt schwarz (Rafik Schami)

1　Der Zeiger der Bahnhofsuhr springt von einer Ziffer zur anderen, hält eine kurze Weile inne und springt wieder zur nächsten. Es ist 17 Uhr 32 auf dem Münchner Hauptbahnhof. Zwei Gastarbeiter sitzen auf einer Bank, zwei andere lehnen am Geländer. Die vier beobachten schweigend den Zug auf Gleis 8.

5　Viele Gastarbeiter drängen sich dort an den Zugfenstern, um mit ihren Landsleuten auf dem Bahnsteig zu reden. Sie versichern ihnen, dass sie nichts vergessen würden, aber die Leute auf dem Bahnsteig haben Zweifel – wie oft schon haben sie selbst ihre Versprechen vergessen.

Ununterbrochen versuchen die Bleibenden den nach Hause Fahrenden ihre Wünsche

10　einzupauken.

„Vergiss nicht, Arif zu grüßen …"

„Sag meinem Onkel, ich habe das Geld schon vor einer Woche überwiesen …"

„Frag sie, warum sie nicht schreibt …"

Die vier Freunde beobachten den Zug aus einiger Entfernung, denn sie kennen nieman-

15　den, der heute fährt.

„Achtung an Gleis 8! Der Zug von München nach Istanbul über Bukarest – Sofia fährt jetzt ab. Bitte Türen schließen! Vorsicht bei der Abfahrt!", schallt die Stimme aus den Lautsprechern, als der Uhrzeiger gerade auf 17 Uhr 34 springt.

„Die Heimat ist so weit weg!", seufzt Yunus von seinem Platz auf der Bank aus. „Wenn ich

20　in Izmir schlafen und hier arbeiten könnte – das wäre ein Leben." Der Zug fährt auf glänzenden Gleisen, die unter dem Licht der Reklame wie ein Netz von blutroten Adern aussehen. Die Räder der Waggons hämmern die Adern straff und gesund. Die vier Freunde verfolgen den Zug mit brennenden Augen.

An diesem Abend entflieht Yunus unbemerkt der kleinen Runde seiner Freunde und ver-

25　setzt sich schnell in den fahrenden Zug auf einen Stehplatz im Gang.

Die Leute sehen alle gleich aus. Müde, unrasiert, eingeklemmt zwischen Mänteln und Kartons, reden sie kaum miteinander. Sie starren auf den Boden.

„Fahrkarten bitte!"

Yunus lacht auf der Bank: „Die Sehnsucht fährt immer schwarz, sie ist stärker als alle

30　Grenzen und Kontrollen."

Der Zug verschwindet im Schlund der Dunkelheit, seine Rücklichter funkeln wie die Augen eines zornigen Stiers in der Arena. Noch bevor der letzte Waggon außer Sicht ist, kommt Yunus in Izmir an.

Seine Frau Songül, seine vier Kinder und seine alte Mutter warten dort auf ihn.

35　Die alte Mutter mit ihren hölzernen Krücken, noch tiefer gebeugt als vor zwei Jahren – ein fruchttragender Olivenzweig. Die drei älteren Kinder springen auf vor Freude und schreien: „Vater hat viele Koffer dabei!" Die Frau weint, zwei Jahre Einsamkeit waren zu lang. Yunus küsst die Hand seiner Mutter. Sie flüstert: „Dass ich dich, mein Herz, noch einmal sehe, hätte ich nicht geglaubt, Gott ist gnädig." Ihre warmen Tränen brennen auf

40　seinen Lippen, als er ihre Wangen küsst. Er streichelt schnell den Kopf seiner Frau und

kneift sie zärtlich und heimlich in die Wangen. Sie lächelt erwartungsvoll und wischt sich die Tränen ab mit einem kleinen, weißen Tuch.

Niyazi, sein zehnjähriger Sohn, versucht vergeblich, den schweren Koffer zu tragen.

„Er ist zu schwer für dich, mein Junge", flüstert Yunus.

„Hast du uns alles mitgebracht?", fragt Niyazi, denn er hatte den letzten Brief mit seinen Wünschen gefüllt.

„Alles?! Es ist doch alles teurer geworden, für deine Hosen habe ich lange gearbeitet – denkst du, die Deutschen schmeißen uns das Geld nach?"

„Ich will mein Kleid sehen", meldet sich Tochter Hülya.

„Halt den Mund, bis wir zu Hause sind, da wirst du es sehen!", fährt die Mutter sie an.

„Nein, jetzt!", stampft Hülya störrisch mit den Füßen. Songül zieht das Mädchen kräftig am Ohr.

„Lass sie doch, sie freut sich", sagt Yunus, als Hülya anfängt zu weinen.

Alle drei Kinder springen um Yunus herum und zerren ihn an der Jacke, nur der vierte, sein jüngster Sohn, steht die ganze Zeit etwas abseits und beobachtet seine Geschwister.

„Na, Kleiner, komm her, du bist ja groß geworden, Kemal", sagt Yunus und beugt sich zu dem dreijährigen Jungen, der sich erschrocken am Kleid seiner Mutter festhält.

„Kennst du mich nicht mehr?"

„Nein, wer bist du denn?"

„Ich bin dein Vater", antwortet Yunus und nimmt das Kind auf den Arm, das sich aber sträubt und weint.

„Er war ja so klein, als du vor zwei Jahren nach Deutschland fuhrst", entschuldigt Songül ihren Sohn. Yunus küsst das Kind, doch Kemal weint bitter, weil der Bart des fremden Mannes ihn kratzt. Er wendet sich weinend zur Mutter.

Yunus muss ihn lassen, seine Augen werden feucht:

„Nicht einmal die eigenen Kinder erkennen uns wieder", flüstert Yunus auf der Bank im Münchner Hauptbahnhof …

Tipp

Bevor du weiterarbeitest, solltest du die Geschichte an der Perforation heraustrennen – dann hast du es einfacher!

1. Wozu eine Inhaltsangabe dient und was du vor dem Schreiben tun solltest

Eine Inhaltsangabe kommt im Alltagsleben öfter vor, als du denkst. Ein Beispiel: Du hast einen Text gelesen oder einen Film gesehen und willst einem Freund oder einer Freundin darüber berichten. Vor allem willst du sagen, ob und weshalb dir das Gelesene oder Gesehene gefallen hat. Du musst also sehr genau darüber Bescheid wissen.

Übung 1

Lies dir die Geschichte von Rafik Schami durch. Gefällt sie dir oder nicht? Versuche in einem Satz zu sagen, warum.

Mir gefällt die Geschichte (nicht), weil

....

....

Übung 2

Hast du alle Begriffe und Zusammenhänge verstanden? Dann beantworte kurz folgende Fragen, wenn nötig mithilfe von Atlas und Lexikon.

1. Was bedeutet „Gastarbeiter"? Gehe dabei auch auf die Wortbildung ein.

....

2. In welchen Ländern liegen Istanbul, Bukarest, Sofia und Izmir?

....

3. Was macht Yunus am Münchner Hauptbahnhof?

....

4. Was geschieht an diesem Tag Besonderes?

....

5. Warum würde Yunus gern in Izmir „schlafen" und in Deutschland arbeiten (Z. 20)?

....

6. Wie lange war er nicht in seiner Heimat?

....

7. Wer gehört zu Yunus' Familie? (Achtung: Nicht alle Familienmitglieder haben Namen.)

....

8. Wer ist Kemal?

....

9. Warum will er nicht auf den Arm genommen werden?

....

Merke

In einer Geschichte steht auch manches, was zwar schön und anschaulich ist, was du aber nicht in eine Textzusammenfassung aufnehmen solltest, weil es für den reinen Inhalt der Geschichte nicht unbedingt wichtig ist.

Übung 3

Vier der folgenden Wörter sind für deine Inhaltsangabe besonders wichtig und werden in ihr auch vorkommen. Unterstreiche sie und schreibe dann kurz dazu, warum diese Wörter wichtig sind.

1. Bahnhofsuhr (Z. 1) ....

2. Bank (Z. 3, 29) ....

3. Vier Freunde (Z. 14) ....

4. Lautsprecher (Z. 18) ....

5. Sehnsucht (Z. 29) ....

6. Reklame (Z. 21) ....

7. Kartons (Z. 27) ....

8. Stier (Z. 32) ....

9. Olivenzweig (Z. 36) ....

10. Krücken (Z. 35) ....

11. Mutter (Z. 34) ....

12. Kinder (Z. 34) ....

13. wieder erkennen (Z. 66) ....

Beim zweiten Lesen musst du die Erzählabschnitte bestimmen; so kannst du die Zusammenhänge besser verstehen und den Text gut kürzen, ohne etwas zu vergessen.

Ein **Erzählabschnitt** beginnt da, wo

– sich die Lage ändert,
– Personen dazukommen,
– Personen ihr Verhalten oder ihre Einstellung ändern
– oder der Ort wechselt.

Manchmal bieten dir die Absätze des Textes einen Anhaltspunkt.

Übung 1

a) **Suche die Abschnitte zu den folgenden Überschriften heraus und gib jeweils ihre erste und die letzte Zeile an.**
b) **Nummeriere die Abschnitte dann in der richtigen zeitlichen Reihenfolge.**

Beobachtung von vier Freunden am Münchner Hauptbahnhof:

Zeile .... bis ....

Erkenntnis am Ende des Traumes:

Zeile .... bis ....

Vier Gastarbeiter am Münchner Hauptbahnhof:

Zeile .... bis ....

Traumreise nach Izmir:

Zeile .... bis ....

Yunus' Gefühle bei der Abfahrt des Zuges:

Zeile .... bis ....

Übung 2

Formuliere nun je eine Überschrift für folgende Abschnitte und fasse alle drei unter einem Stichwort zusammen.

1. Zeile 34 bis 42: ....

2. Zeile 43 bis 53: ....

3. Zeile 54 bis 64: ....

Zusammenfassendes Stichwort: ....

Übung 3

Schon in der Überschrift der Geschichte kommt das Wort „Sehnsucht" vor. Es wird in deiner Inhaltsangabe von Abschnitt 3 (Zeile 19 bis 23) eine Rolle spielen.
Formuliere den Satz für deine Inhaltsangabe.

....

....

....

Merke

Ab der 8. Klasse, manchmal auch schon in der 7. Klasse, wird von dir verlangt, dass du deine Inhaltsangabe mit einer Einleitung beginnst. Die **Einleitung** enthält die **Kernaussage** des Textes. Sie darf nicht zu allgemein sein, aber auch nicht zu sehr auf eine Einzelheit abzielen.

Übung 4

Welche der folgenden Formulierungen hältst du für treffend? Begründe kurz, warum die anderen nicht passen.

In der Geschichte „Die Sehnsucht fährt schwarz" von Rafik Schami geht es um
1. Probleme von Gastarbeiterfamilien.
2. das Leben türkischer Gastarbeiter in Deutschland.
3. einen kleinen Jungen, der seinen zurückkehrenden Vater nicht erkennt.
4. einen Gastarbeiter, der Heimweh hat und sich deshalb in einem Tagtraum zu seiner Familie in die Heimat versetzt.
5. Gastarbeiter, die sich nach ihrer Heimat sehnen.

Begründung: ....

....

Übung 5

Gib die Textstelle an, in welcher die Überschrift eine Rolle spielt und formuliere in einem Satz, was Yunus meint.

Zeile ....

Yunus meint, ...

....

B 3. Der Stil der Inhaltsangabe

Eine Inhaltsangabe ist im Gegensatz zur Nacherzählung immer ein **sachlicher** und **informativer** Text. Wörtliche Rede, schildernde Elemente und Erzählmittel fallen weg. In dieser Geschichte zum Beispiel verwendet der Autor eine Reihe bildhafter Ausdrücke, die du nicht in deine Inhaltsangabe übernehmen darfst.

Übung 1

Formuliere zu den folgenden Abschnitten je einen Satz in sachlicher Sprache, der alle wichtigen Informationen enthält.

1. Der Zug fährt auf glänzenden Gleisen, die unter dem Licht der Reklame wie ein Netz von blutroten Adern aussehen. Die Räder der Waggons hämmern die Adern straff und gesund. Die vier Freunde verfolgen den Zug mit brennenden Augen.

2. Der Zug verschwindet im Schlund der Dunkelheit, seine Rücklichter funkeln wie die Augen eines zornigen Stiers in der Arena. Noch bevor der letzte Waggon außer Sicht ist, kommt Yunus in Izmir an.

3. Die alte Mutter mit ihren hölzernen Krücken, noch tiefer gebeugt als vor zwei Jahren – ein fruchttragender Olivenzweig.

Übung 2

Als „innere Handlung" bezeichnet man das, was im Bewusstsein oder in den Gefühlen der Personen passiert. Gib die Textstellen, die innere Handlung schildern, sachlich wieder.

1. „Die Heimat ist so weit weg!", seufzt Yunus von seinem Platz auf der Bank aus.

2. Die Leute sehen alle gleich aus. Müde, unrasiert, eingeklemmt zwischen Mänteln und Kartons, reden sie kaum miteinander. Sie starren auf den Boden.

3. Die drei älteren Kinder springen auf vor Freude und schreien: „Vater hat viele Koffer dabei!"

4. Er streichelt schnell den Kopf seiner Frau und kneift sie zärtlich und heimlich in die Wangen. Sie lächelt erwartungsvoll und wischt sich die Tränen ab …

In der Inhaltsangabe muss die **wörtliche Rede** als **indirekte Rede** wiedergegeben werden.

1. Die Rede wird im Nebensatz mit oder ohne „dass" im **Konjunktiv 1** wiedergegeben (nur bei Formengleichheit mit dem Indikativ steht der Konjunktiv 2).
2. Indirekte **Fragen** werden mit „ob" oder einem Fragewort eingeleitet.
3. Die Pronomen werden sinngemäß verändert.

Beispiel

Wörtliche Rede:
Yunus sagt: „Die Sehnsucht fährt immer schwarz."
Niyazi fragt: „Hast du uns alles mitgebracht?"
Indirekte Rede:
Yunus sagt, die Sehnsucht fahre immer schwarz.
Oder: *Yunus sagt, dass die Sehnsucht immer schwarz fahre.*
Indirekte Frage:
Niyazi fragt, ob er ihnen alles mitgebracht habe.

Übung 3

Gib die wörtliche Rede <u>indirekt</u> wieder und entscheide am Schluss, welche Sätze du in deine Inhaltsangabe <u>nicht</u> aufnehmen würdest. Weitere Übungen zur indirekten Rede siehe S. 18/19.

1. Der Lautsprecher verkündet: „Der Zug nach Istanbul fährt jetzt ab."

....

....

2. Yunus seufzt: „Die Heimat ist so weit weg."

....

3. Yunus lacht: „Die Sehnsucht fährt immer schwarz."

....

4. Die Kinder schreien: „Vater hat viele Koffer dabei."

....

5. Yunus fragt: „Kennst du mich nicht mehr?"

....

6. Kemal erkundigt sich: „Wer bist du denn?"

....

Folgende Sätze würde ich weglassen: ....

4. Die Inhaltsangabe schreiben

Eine Textzusammenfassung soll knapp sein, aber dennoch Zusammenhänge erklären. Du musst also **Sätze verkürzen**, z. B. mit Adverbialen (*nachmittags, …*), oder Sätze z. B. mit Konjunktionen (*weil, nachdem, …*) oder Relativpronomen (*der, welche, …*) zu Satzgefügen sinnvoll **verbinden**.

Übung 1

Verbinde folgende Sätze, indem du einen davon verkürzt und trotzdem genau ausdrückst, worin der Zusammenhang besteht.

1. Es ist Abend. Vier Gastarbeiter treffen sich am Münchner Hauptbahnhof.

   An einem .... treffen sich vier Gastarbeiter am Münchner Hauptbahnhof.

2. Der Zug steht zur Abfahrt bereit. Sein Bestimmungsort ist Istanbul.

   Der Zug .... steht zur Abfahrt bereit.

3. Yunus träumt. Er besucht seine Familie.

   Im .... besucht Yunus seine Familie.

4. Seine Mutter ist alt. Deshalb geht sie an Krücken.

   Wegen .... geht seine Mutter an Krücken.

Übung 2

Verbessere Irenes Text, indem du die Sätze verbindest.

Irenes Textzusammenfassung fängt so an:

1. Vier Gastarbeiter befinden sich am Münchner Hauptbahnhof. Sie sehnen sich nach ihrer Heimat.

   Vier Gastarbeiter befinden sich am Münchner Hauptbahnhof, ...

   ....

2. Sie halten sich am Gleis 8 auf. Vom Gleis 8 fährt der Zug nach Istanbul ab.

   ....

   ....

3. Der Zug nach Istanbul fährt ab. Yunus, einer der vier Freunde, versetzt sich in den Zug und träumt von seiner Heimkehr.

   ....

   ....

   ....

4. Er kommt in Izmir an. Seine Familie erwartet ihn schon.

....

5. Yunus war so lange weg. Seine Mutter hat nicht gehofft, ihn noch einmal zu sehen.

....

....

Übung 3

Welchen der folgenden Sätze würdest du in deine Inhaltsangabe **nicht** aufnehmen? Streiche ihn durch und nenne zwei Gründe dafür.

1. Yunus, ein türkischer Gastarbeiter, sitzt am Münchner Hauptbahnhof und beobachtet die Abfahrt des Zuges nach Istanbul.
2. Während der Wartezeit versetzt sich Yunus in den Zug und träumt von seiner Heimreise.
3. Die Geschichte endet damit, dass Yunus' kleiner Sohn ihn ablehnt, weil sein Bart ihn kratzt.
4. Yunus' Traum endet mit der Erkenntnis, dass er nicht einmal von seinem eigenen Kind wieder erkannt würde.

1. Grund: ....

....

2. Grund: ....

Übung 4

Drei der Sätze aus Übung 3 sind also brauchbar. Trotzdem müssen sie noch ergänzt werden. Füge folgende Informationen dort ein, wo du es für sinnvoll hältst und schreibe die drei Sätze in dein Übungsheft.

1. Zwei Jahre
2. Drei Freunde
3. Familie
4. Angehörige verabschieden sich von den Reisenden
5. Lange Abwesenheit

Übung 5

Schreibe nun eine Inhaltsangabe zu der Geschichte. Dabei darfst du gern die Sätze wiederverwenden, die du bereits formuliert hast oder die du im Lösungsteil gefunden hast.

Übungsteil 1

Indirekte Rede

In der Inhaltsangabe darf **keine wörtliche Rede** vorkommen. Zunächst musst du entscheiden, ob der Inhalt der Rede überhaupt wichtig für den Zusammenhang ist. Dann gibt es verschiedene Möglichkeiten, sie wiederzugeben:
1. Indirekte Rede mit dem Konjunktiv mit oder ohne „dass" (s. auch S. 15)
2. Indirekte Rede mit dem Indikativ und „dass" (s. S. 19)
3. Zusammenfassen

Beispiel

Hier ein Beispiel, wie du wörtliche Rede zusammenfassen kannst:
Die Schulkinder standen um ihre neue Mitschülerin herum und redeten auf sie ein: „Wo kommst du her?" „Warum hast du ein Kopftuch auf?" „Warum trägst du so einen langen Rock?"
Zusammenfassung: *Die Kinder bestürmten ihre neue Mitschülerin mit Fragen nach ihrer Herkunft und ihrer Kleidung.*

Übung 1   Gib in indirekter Rede mit und ohne „dass" wieder.

1. Das Mädchen erzählte: „Ich bin mit meiner Familie aus Afghanistan geflohen."

....

2. Sie sagte: „Ich trage ein Kopftuch, weil ich Muslimin bin."

....

3. Die Lehrerin erklärte: „Gläubige Moslem-Frauen bedecken ihre Haare mit einem Tuch."

....

4. Interessiert fragten die Mädchen: „Müssen sie das Kopftuch tragen?"

....

Merke

Wenn eine Rede eine unumstößliche Tatsache enthält, kann in der indirekten Rede, besonders nach „dass", der **Indikativ** stehen.

Beispiel

Der Schulleiter stellte fest, dass es dreißig Grad warm war, und gab hitzefrei.

Übung 2

Überlege dir, auf welche der drei Arten du die wörtliche Rede wiedergeben kannst, und schreibe jeweils die Form auf, die dir am geeignetsten erscheint.

1. Ein Moslem sagt: „Man kann das Kopftuch mit dem Kreuz vergleichen, das Christen oft an einer Halskette tragen."

2. Eine Frauenrechtlerin behauptet: „Das Kopftuch dient der Unterdrückung der Frauen."

3. Der Diskussionsleiter erklärt: „Jede Religion hat ihre Rituale und Traditionen."

4. Ein junges Mädchen aus Persien meint: „Das Kopftuch kann auch Schutz bedeuten."

Übung 3

Die folgende Wiedergabe enthält oft den Indikativ, wo er nicht stehen darf, und sie ist zu ausführlich geraten. Verbessere sie und fasse zusammen, wo es möglich ist. Schreibe in dein Übungsheft.

Peter fragt Aysin, ob sie mit ins Schwimmbad kommt. Auch Elsie sei dabei. Elsie schließt sich Peters Einladung an und meint, auch Michaela und deren Freundin Ann kämen mit. Aber Aysin erklärt, sie könne nicht mitgehen.

Auf die Frage, warum das so sei, antwortet sie zunächst, sie kann nicht schwimmen. Peter weist darauf hin, dass sie doch erzählt habe, ihr Onkel in Istanbul besitzt einen Swimmingpool, in dem sie mit ihren Schwestern schon oft geschwommen sei. Michaela fügt hinzu, dass es doch so heiß sei und sie extra hitzefrei bekommen hätten.

Aysin gibt zunächst den wirklichen Grund, warum sie nicht ins Bad gehen könne, nicht preis. Nach einigem Zögern gibt sie zu, dass ihre Religion es ihr verbietet. Auf die Frage, was denn so schlimm daran sei, ins Schwimmbad zu gehen, sagt sie, sie dürfe sich nicht im Badeanzug vor Jungen zeigen.

D   Text 2

Auf ziseliertem Silber (Josef Reding)

1   Gloster versucht mir schon seit einer geschlagenen Stunde klarzumachen, wie man sich
    als Student im amerikanischen Universitätsbetrieb zurechtfindet. Ich bin auf diese Infor-
    mationen dringend angewiesen. Und ich versuche, Gloster aufmerksam zuzuhören. Aber
    die ungewohnte feuchtigkeitsschwangere Luft von den Bajus[1] her macht mich müde.
5   „Gibt's in New Orleans keinen kühlen Platz?", frage ich.
    „Kinos", sagt Gloster. „Die haben Klimaanlage. Und Tiefgaragen." „Restaurants?", frage
    ich. „Haben auch Klimaanlagen", sagt Gloster.
    „Dann lass uns in ein Restaurant gehen, zum Essen und Weiterreden. Ich lade dich ein."
    Gloster zögert. „Hier kann ich nicht kapieren, was du sagst, Gloster. Mein Schädel ist kein
10 subtropisches Klima gewöhnt. Komm, tu mir den Gefallen und geh mit."
    Gloster steht langsam von den breiten Treppenstufen auf, die zur Turnhalle führen; wir
    haben ihren Schatten genutzt. Ich nehme dieses Aufstehen Glosters als ein Ja auf meine
    Einladung und frage: „Weißt du ein Lokal? Aber ein gutes! Dein Einführungsvortrag in das
    amerikanische Studiensystem ist mir ein gutes Honorar wert." „Hab in New Orleans noch
15 nie außerhalb der Mensa gegessen. Zu teuer für unsereins", sagt Gloster. „Chez maître
    Gaston", sage ich. „Bitte?", fragt Gloster.
    „Ein Esslokal in der Nähe von Basin-Street", sage ich. „Sieht von außen ganz annehmbar
    aus. Habe mir mal die Speisekarte an der Tür durchgelesen. Liest sich wie ein Gedicht von
    Rimbaud[2]." „Hoffentlich schmeckt's auch so", sagt Gloster.
20 Wir gehen durch die mittägliche Stadt. Nur wenige Menschen sind auf der Straße. Und
    von den wenigen eilt niemand. Selbst die Autos schwitzen: ab und zu rieselt ein Tropfen
    von den dunstigen Sichtscheiben.
    Am Torbogen zum Restaurant „Chez maître Gaston" stehen ältere Eheleute. Sie sagt:
    „Ohne meine Handschuhe gehe ich hier nicht hinein." Er sagt: „Und ich fahre die zwan-
25 zig Kilometer nicht nach Bruneville zurück, nur wegen deiner Handschuhe. Wie wär's,
    wenn du dir im nächsten Supermarkt ein neues Paar kauftest?" „Meine Handschuhe gibt's
    nicht im Supermarkt", sagt sie.
    Gloster und ich gehen an den müden Streitern vorbei durch einen wispernden Perlen-
    vorhang. Dahinter eine Glastür. Dann die Kühle des Restaurants, das wie ein überdachter
30 Innenhof aussieht, mit Springbrunnen, Ziersträuchern, Volieren.
    Die Gäste verteilen sich in dem großen Raum so, dass er leer aussieht. Ich zeige auf den
    Tisch am Palmenhain. „Hier?"
    „Warum nicht?", sagt Gloster. Wir setzen uns. Ich lege meine Handfläche auf das ange-
    nehm kühle, gelbe Leinen-Tischtuch. Erst jetzt merke ich, wie feucht meine Haut ist. Das
35 Hemd klebt an den Schulterblättern und am Bauch. Ich bewundere Gloster: sein Gesicht,
    seine Arme sind trocken; kein Schweißtropfen an seinen Lippen, unter den Augen, an der
    Stirn. Gloster sieht aus wie immer; kühl und dunkel wie der Kellner, der jetzt in weinroter
    Livree auf uns zukommt.

---

1 Bajus = Sumpflandschaft in Louisiana
2 Rimbaud = französischer Dichter

Als der Kellner Gloster sieht, hält er in seiner Bewegung inne, wird unsicher in seinen Schritten, die zögernd seitwärts, rückwärts und dann wieder vorwärts führen. Schließlich steht der Weinrote vor mir, sagt „Sir!", wirft einen bekümmerten Blick auf Gloster, legt von den zwei Speisekarten, die er in der Hand hält, eine vor mich hin und geht mit der anderen wieder ab. „Wollen Gastons Mitarbeiter die Speisekarten schonen?", frage ich. „Na ja, gucken wir beide in meine. Also: wie wär's zu Beginn mit einer Avocado-Suppe und als Hauptgericht ein Pfeffersteak …"

Da, wo der Kellner im sattgrünen Lianenvorhang verschwunden ist, steht jetzt ein Weißer im Smoking. Er schaut zu uns herüber und schüttelt den Kopf, dessen Bürstenhaarschnitt mit einem spitzen Ausläufer bis zur Nasenwurzel zu reichen scheint. Ich bin irritiert über das Herüberstarren des eleganten Herrn, der jetzt in die Brusttasche greift, einen Schreibblock hervorholt und rasch einige Worte auf das Papier kritzelt. Der Herr reißt energisch die beschriebene Seite vom Block und winkt dem Kellner. Auf den nach oben gedrehten Fingerspitzen des Kellners liegt ein Silbertablett. Der weiße Mann im Smoking wirft den Papierfetzen auf das Tablett. Der Kellner setzt sich mit gerunzelter Stirn in Marsch-Richtung: unser Tisch unterm Palmenhain.

Der Kellner verbeugt sich vor mir, wobei er wieder markig „Sir!" sagt, und hält mit abgewandtem Gesicht Gloster das Silbertablett hin. Es ist ein ziseliertes Tablett. Die Gravuren zeigen Tiere auf dem Weg zur Arche Noah, darunter Gestalten, die es in Wirklichkeit nicht gibt: Walfische mit Echsenflügeln, ein Pferd mit Seiten- und Schwanzflossen, Wildschweine mit Doppelhöckern. Ein kostbares Stück, dieses Silbertablett. Kostbar, wie fast alles bei Gaston. Die Kostbarkeit des ziselierten Silbers steht im Gegensatz zu dem Wisch, der darauf liegt. Gloster liest tonlos, ohne den abgerissenen Zettel herunterzunehmen oder auch nur zu berühren. Ich sehe, was er liest: „Du schwarzes Schwein, verlass sofort dieses Lokal! Wir bedienen hier keine Nigger!"

Der Kellner wartet, ob nicht doch einer von uns den Zettel herunternimmt. Als niemand eine Hand rührt, hält er das Silbertablett so schräg, dass der Papierfetzen abgleitet und vor Gloster landet. Der Kellner trollt sich. Er hat seinen Auftrag erfüllt. Der Weiße am Lianenvorhang nickt ihm zu.

Gloster will aufstehen. Ich drücke ihn an der Schulter leicht zurück. Gloster ist von mir eingeladen worden. Er ist mein Gast. Ich bin verantwortlich für das, was ihm hier angetan wird. Ich muss etwas unternehmen. Für Gloster.

Ich springe auf und rufe: „Bitte den Manager! Ich möchte den Manager sprechen!"

Einige Sekunden bleibt jeder in der Haltung, die er gerade eingenommen hat, als ich aufstand. Wie in einem Kinderspiel, in dem man auf einen bestimmten Ausruf hin erstarren muss. Dann ruft der elegante Herr mit dem Bürstenschnitt: „Simon, Miller, die Herren an Tisch acht bitten herzlich darum, ihnen beim schleunigen Verlassen des Hauses behilflich zu sein!"

Er ruft es mit einiger Gleichgültigkeit, etwa so, als ob er den Kellner auffordert, noch etwas Senfsoße nachzureichen.

Zwei Männer erscheinen. Sie kommen gemächlich die Treppe der Innen-Balustrade herunter. Klotzig bauen sie sich vor uns auf.

„Messieurs", sagt einer von den beiden in einem Gemisch von gleich schlecht gesprochenem Französisch und Englisch, „messieurs, nous préférons to see you out of here dans une minute!"[3]

---

3 Dt.: Meine Herren, wir hätten gern, dass sie in einer Minute draußen sind!

„Sitzen bleiben", sage ich zu Gloster, der jetzt schwitzt, jetzt, wo es hier doch so kühl ist.
85 „Lass uns lieber abhauen", sagt Gloster. „ Führt doch zu nichts …"
„Countdown?", fragt einer der Gorillas. „Countdown!", sagt der andere. Und der andere zählt: „Six, five, four, three, one – zero!" Bei „zero!" packen beide zu. „Schon gut, Mister", sagt Gloster beschwichtigend. „Ich gehe schon so!"
Aber trotzdem umklammert der eine Rausschmeißer von hinten seine Oberarme und die
90 Brust und drückt mit den ineinander verschränkten Händen fest zu. Gloster japst nach Luft. Mir gelingt es, mit dem Absatz auszukeilen und meinen Angreifer am Schienbein zu treffen. Er muss seinen Griff lockern. Ich drehe mich rasch und treffe den Gorilla mit der Ellenbogenspitze ins Gesicht.
Der Mann wird jetzt wütend, nachdem er vorher mit berufsmäßiger Routine gehandelt
95 hat. Sein Knie fährt hoch und trifft mich in die Magengrube. Ich beuge mich unwillkürlich vor und bekomme einen Faustschlag auf den Hinterkopf.
Nur noch in starker Benommenheit nehme ich wahr, wie die Gorillas sich mit uns beschäftigen. Sie schlagen und greifen und renken mit merkwürdigem Eifer an uns herum. Einmal klatscht mein Handrücken bei dem Gefecht, dem Gloster und ich nicht
100 gewachsen sind, gegen einen Palmenstamm, und ich spüre, dass die Palme aus Plastik ist. Darum hält sie den kühlen Raum hier aus, denke ich mühsam. Wahrscheinlich ist alles, was hier wächst künstlich …
Unsere Gorillas reißen uns jetzt die Beine vom Boden und tragen uns leichtfüßig mit Trippelschritten zum Ausgang. Dort umarmen sie uns noch einmal gnadenlos, bevor sie von
105 uns ablassen und uns freundlich zuwinken. Wirklich: freundlich! „So junge Leute sollten nicht schon mittags mit dem scharfen Trinken anfangen, no, Sir, nicht schon mittags!" Einige Passanten schauen kurz zu uns und den Rausschmeißern herüber und quittieren die Szene ebenfalls mit Lächeln: zwei junge Burschen, denken sie, die höflich aus dem Lokal hinauskomplimentiert wurden, weil sie über den Durst getrunken haben.
110 Gloster und ich laufen taumelig im Zickzack und bestätigen so den Eindruck, als seien wir betrunken. Die Gorillas sind geschickt: an unseren Gesichtern und Händen ist keine Verletzung zu sehen. Aber Brustkorb und Bauch schmerzen stark. Gloster lehnt sich gegen eine Backsteinmauer und lässt sich zentimeterweise auf den Boden rutschen. „Warum hast du – diesen – Wirbel gemacht?", fragt er stockend.
115 Ich lasse die Luft mit einem anschwellenden Stöhnen aus der Brust.
„Warum?", fragt Gloster. „Aus Lust an einer handfesten Keilerei", sage ich.
„Ich bin es gewohnt, freiwillig zu verschwinden, wenn man mich nicht haben will", sagt Gloster. „Darum brauchtest du doch nicht gleich auf die Palme zu gehen …"
„Plastikpalme", sage ich.
120 Ich will Gloster erklären, dass es nicht richtig ist, überall da zu verschwinden, wo man ihn nicht haben will. Ich will ihm sagen, dass er dann schließlich überall verschwinden, sich verkriechen, ducken muss. Und ich will ihm zuschreien, dass das keine Gerechtigkeit ist. Aber ich bin zu müde. Jetzt bin ich so müde, dass mir selbst das Lallen schwer fällt. Später werde ich Gloster alles klarmachen, denke ich. Später.

Tipp

Bevor du weiterarbeitest, solltest du die Geschichte an der Perforation heraustrennen – dann hast du es einfacher!

1. Lesen, verstehen, urteilen

Nach dem ersten Lesen eines Textes bildest du dir ein Urteil.
Damit du es überzeugend begründen kannst, musst du den
ganzen Text verstanden haben.

Übung 1   Beantworte kurz folgende Fragen:

1. In welchem Land/welcher Stadt spielt die Geschichte?

2. Was kannst du aus einem Lexikon über das Klima der
Region erfahren?

3. Warum wird dort auch Französisch gesprochen?

4. Gibt es Hinweise darauf, wann die Geschichte spielt?

5. Wer kommt außer den Hauptpersonen vor?

6. Welches für die Geschichte wichtige Merkmal unterscheidet die beiden Hauptfiguren?

7. Welchen Zusammenhang gibt es zwischen den Antworten auf die Fragen 1 und 6?

Übung 2   Wähle zwei deiner Meinung nach treffende Satzanfänge aus und
setze sie fort:

1. Die Geschichte ist spannend, weil

2. Die Geschichte regt zum Nachdenken an, weil

3. Die Geschichte ist langweilig, weil

4. Die Geschichte ist lehrreich, weil

5. Man kann sich mit den Hauptpersonen (nicht) identifizieren, weil

> Der Leser einer Geschichte will Spannung und Überraschung. Der Leser einer Inhaltsangabe möchte alle wichtigen Informationen in der zum raschen Verständnis notwendigen Reihenfolge erhalten. Der erste Satz des Hauptteils muss daher bereits die W-Fragen beantworten:
> **Wer? Wo? Wann? Was?**
> **Wie** es sich abspielt, erfährt man im weiteren Text.

Übung 1

An welcher Stelle des Textes (Zeile) und in welcher Form erfährt der Leser, dass Gloster farbig ist?

Zeile ....

Form: ....

Merke

In kurzen Erzähltexten, die in der Ich-Form geschrieben sind, erfährt man oft den Namen des „Ich" nicht. Da der Autor und der Erzähler aber nur in seltenen Fällen (z. B. Tagebuch, Autobiografie) identisch sind, darfst du dem „Ich" auf keinen Fall den Namen des Autors geben. Du hast also praktisch nur die Möglichkeit, von dem „Erzähler" zu schreiben.

Übung 2

Sammle alle anderen im Text direkt oder indirekt enthaltenen Informationen zu den Hauptpersonen. Gib die Fundstellen (Zeile) an.

1. Erzähler: ....

....

2. Gloster: ....

....

Übung 3

Nenne die Stellen im Text, an denen etwas über die Jahreszeit und das Klima gesagt wird.

....

Übung 4   Beziehe die Antworten aus Übung 1 auf Seite 23 ein und schreibe nun den ersten Satz des Hauptteils (also nicht den Einleitungssatz mit der Kernaussage) deiner Inhaltsangabe in dein Übungsheft.

Merke

Die Erzählung ist in Abschnitte gegliedert. Ein Erzählabschnitt beginnt
– wenn sich die Lage ändert,
– wenn Personen dazukommen,
– wenn Personen ihr Verhalten oder ihre Einstellung ändern,
– wenn der Ort wechselt,
– wenn die innere Handlung, d. h. das, was im Bewusstsein oder in den Gefühlen der Personen passiert, eine Wende erfährt.

Übung 5   Markiere diese Abschnitte im Text und begründe kurz deine Entscheidung.

1. Ab Zeile 1: Der Erzähler unterhält sich mit Gloster.

2. Ab Zeile 4: Er verträgt die Hitze nicht und schlägt vor, in ein Restaurant zu gehen.

3. Ab Zeile _____ : _____

4 Ab Zeile _____ : _____

5. Ab Zeile _____ : _____

6. Ab Zeile _____ : _____

7. Ab Zeile _____ : _____

8. Ab Zeile _____ : _____

9. Ab Zeile _____ : _____

10. Ab Zeile _____ : _____

11. Ab Zeile _____ : _____

12. Ab Zeile _____ : _____

Übung 6   Erkläre die folgenden ungewöhnlichen Wörter, wenn nötig mithilfe eines Lexikons:

ziseliert (Titel und Z. 60): _____

Voliere (Z. 30): _____

Gravur (Z. 57): _____

_____

Countdown (Z. 86): _____

_____

D 3. Dinge und Abläufe zusammenfassen

Es gibt Einzelheiten, die für den Sinn der Geschichte so wichtig sind, dass man sie erwähnen muss. Andererseits kann man oft ganze Szenen weglassen oder stark raffen. In jedem Fall gilt: keine Wendungen wörtlich aus dem Text übernehmen.

Übung 1

In der Geschichte kommt eine Reihe von Gegenständen vor. Nenne sie und kreuze an, ob sie in deiner Inhaltsangabe
a) ausdrücklich erwähnt oder
b) unter einem Oberbegriff zusammengefasst werden.

Gegenstand	a) ausdrücklich erwähnt	b) unter einem Oberbegriff zusammengefasst
Handschuhe		
Springbrunnen		
Ziersträucher		
Volieren		
Leinen-Tischtuch		
Speisekarte		
Lianenvorhang		
Smoking		
Schreibblock		
Silbertablett		
Zettel		

Übung 2

Die Gegenstände, für die du in Übung 1 die Spalte b) angekreuzt hast, erscheinen also nicht wörtlich. Welche übergeordneten Begriffe würdest du für sie wählen?

Teures Restaurant ☐
Vornehmes Ehepaar ☐
Dekoration wie ein Palmenhaus ☐
Gäste, die übertriebenen Wert auf äußere Formen legen ☐
Drei-Sterne-Lokal ☐

Merke

Gegenstände können in einem Erzähltext wichtig sein, weil sie eine
a) **Rolle in der Handlung** spielen (z. B. Messer bei Mord) oder
b) **symbolische Bedeutung** haben, d. h. für etwas anderes, nicht
Gegenständliches stehen (z. B. Rose für Liebe).

Übung 3

Das Tablett spielt auf beiden Ebenen eine Rolle. Nenne jeweils den Grund.

1. Das Silbertablett ist für die Handlung wichtig, weil ....
....

2. Es hat symbolische Bedeutung, weil ....
....

Übung 4

Die Szene, in der es um die Handschuhe geht, ist für die äußere Handlung unwichtig. Warum hat der Autor sie eingefügt? Nenne zwei mögliche Gründe.

Die Szene vor dem Lokal soll zeigen, dass

1. ....

2. ....

Merke

Der Zusammenhang von Ursache und Wirkung muss aus deiner Inhaltsangabe genau hervorgehen.

Übung 5

Vervollständige die Sätze:

1. Der Erzähler schlägt einen Restaurantbesuch vor, **weil** ....
....

2. Der Kellner legt nur eine Speisekarte auf den Tisch, **weil** ....
....

3. Der Erzähler will das Lokal trotz der Aufforderung nicht verlassen, **weil** ....
....

4. Gloster lehnt sich nicht auf, **weil** ....
....

5. Die „Gorillas" behaupten, die Freunde seien betrunken, **damit** ....
....

Du solltest lernen, deine eigenen Texte noch einmal **kritisch** durchzulesen, denn auch wenn deine Inhaltsangabe geschrieben ist, ist sie noch nicht perfekt. Am besten ist es, wenn du deine Arbeit mit einem Freund oder einer Freundin austauschen kannst.

Übung 1

Der erste Satz von Elisabeths Übungsaufsatz enthält zwei Ausdrucksfehler. Verbessere sie.

In der Kurzgeschichte „Auf zieseliertem Silber" von Josef Reding handelt der Autor von zwei Männern, von denen der eine weiß, der andere farbig ist und die aus einem Restaurant geschmissen werden.

Übung 2

Außerdem ist der Satz zwar eine Zusammenfassung der Handlung, enthält aber nicht die <u>Kernaussage</u>. Worum geht es wirklich?

Übung 3

Bernds Aufsatz enthält zwei grundlegende Fehler. Hier ein Ausschnitt. Verbessere die Fehler.

Josef Reding erzählt, wie er einen amerikanischen Studienfreund in New Orleans traf.

Merke

Inhaltsangaben werden im Präsens geschrieben.

Übung 4

Den folgenden Teil von Georgs Aufsatz muss man stark verkürzen. Schreibe einen Satz, der die gleichen Informationen in knapper Form enthält:

Es ist sehr heiß und der Erzähler will an einen kühleren Ort gehen, weil er das Klima nicht verträgt. Gloster schlägt scherzhaft vor, ein Kino oder eine Tiefgarage aufzusuchen, weil es dort Klimaanlagen gebe. Sein Freund fragt, ob nicht auch Restaurants solche besäßen. Als Gloster dies bejaht, lädt er ihn ein, zum Essen und Reden in ein Lokal zu gehen.

Übung 5 **An den Rand dieser Stelle aus Carolas Übungsaufsatz hat der Lehrer geschrieben:** *„Zu ausführlich; wörtliche Übernahmen aus dem Text vermeiden."* **Verbessere.**

Die Freunde gehen mittags durch die Stadt. Nur wenige Menschen sind auf der Straße. Niemand hat es eilig. Selbst die Autos scheinen zu schwitzen, da ab und zu ein Tropfen über die Scheiben rinnt.

....

....

Übung 6 **Verbinde jeweils zwei oder drei Sätze mithilfe von Bindewörtern, also Konjunktionen, wie z. B.** *weil, obwohl, aber, daher, denn, danach, nachdem, trotzdem, und …* **oder Relativpronomen, z. B.** *welcher, der, die …*

Die Freunde setzen sich an einen Tisch. ....

Ein Kellner kommt mit zwei Speisekarten. ....

Er ist ein Farbiger. ....

Er sieht Glosters Hautfarbe. ....

Er legt nur vor den Erzähler eine Speisekarte.

Die zweite Karte nimmt er wieder mit. ....

Der Erzähler ist überrascht. ....

Sie behelfen sich mit der einen Karte. ....

Übung 7 **Den Fehler, den Maja gemacht hat, erkennst du selbst und kannst ihn verbessern:**

Gloster fragt seinen Freund: „Warum hast du diesen Wirbel gemacht?"

....

Er erklärt ihm: „Ich bin es gewohnt, freiwillig zu verschwinden, wenn man mich nicht haben will."

....

....

Übung 8 **Schreibe nun eine Inhaltsangabe zu der Geschichte. Dabei darfst du gern die Sätze wiederverwenden, die du bereits formuliert hast oder die du im Lösungsteil gefunden hast.**

Übungsteil 2

Sätze verbinden

Man kann Sätze auf verschiedene Arten verbinden.
Der Unterschied besteht in
1. der Form (Adverb, Konjunktion, …)
2. dem Inhalt (Zeit, Ort, Gegensatz, …)

Beispiel

Fritz schwamm. Erna sonnte sich.
1. a) *Fritz schwamm, <u>doch</u> Elsa sonnte sich.* (= Konjunktion)
   b) *Fritz schwamm, Elsa <u>dagegen</u> sonnte sich.* (= Adverb)
2. a) *Fritz schwamm, <u>obwohl</u> Elsa sich sonnte.* (= Gegensatz)
   b) *Fritz schwamm, <u>während</u> Elsa sich (gleichzeitig) sonnte.* (= Zeit)

Übung 1

Setze folgende Wörter in die Sätze ein, sodass eine sinnvolle Verbindung entsteht: *rechtzeitig, deshalb, immer, da, wenn.*

1. Unser Schulfest ist .... der Höhepunkt des Schuljahres, ... bereiten wir es gut vor.

2. .... jede Klasse ein Projekt anbieten soll, müssen die Kinder es sich

.... überlegen, ... sie etwas vorbereiten wollen.

Übung 2

Welche Wörter passen in die Lücken? Streiche die Wörter, die du nicht verwenden konntest: *dagegen, dass, weil, jedoch, aber, denn, obwohl, da, und, hingegen, oder.*

Vier Wochen vor dem letzten Schulfest, das unter dem Motto „Mode" stehen sollte, stellte sich heraus,

.... die Klassen 5a, 6b, 6c, 7d und 10a kein Projekt hatten.

.... nur noch wenig Zeit blieb, wurden ihnen einfach Themen zugeteilt.

Das war .... nicht so gut, ... es entstand ein Streit zwischen den Mitschülern.

Sollten sie sich zu den vorgegebenen Themen etwas ausdenken .... lieber ein eigenes Projekt entwickeln?

.... was würde mit den Klassen geschehen, die sich nicht einigen konnten?

.... alle Schüler protestierten, drohte das ganze Fest ins Wasser zu fallen.

Übung 3

Ersetze nun die Fantasiewörter „ups" und „boff" durch passende Wörter:

ups: *da, dass, nachdem*
boff: *so, jetzt, dann, schließlich*

Michi aus der 7d erzählt:

Ups _____ wir letzten Montag von unseren Klassensprechern erfahren hatten,

ups _____ wir beim Sommerfest eine Modenschau organisieren sollten, gab es erst

einmal eine lange Diskussion. Boff _____ konnten wir uns einigen,

das Projekt zu organisieren. Boff _____ ging es erst richtig los: Ups _____ die Jungen

nicht wussten, was sie dabei tun sollten, beschlossen Jungen und Mädchen, Kleider zu

tauschen. Boff _____ konnten alle mitmachen.

Übung 4

Welche Wörter aus der folgenden Reihe kannst du in den 1., 2. oder 3. Satz einsetzen?
als, bevor, dagegen, denn, doch, jedoch, da, daher, danach, damit, und, dann, dennoch, (so)dass, weswegen, deshalb, wenn, meistens, plötzlich, nachdem, stattdessen

1. Fritz kam im Abendkleid, _____
   Eva präsentierte einen Herrenanzug.

2. Fritz kam im Abendkleid, _____
   Eva einen Herrenanzug präsentierte/präsentiert hatte.

3. Fritz kam im Abendkleid, _____
   präsentierte Eva einen Herrenanzug vor.

Übung 5

Unterstreiche nun in den Sätzen von Übung 4
– das Subjekt blau,
– das Verb schwarz.
Lies dann das folgende „Merke".

Merke

Wenn du deine Sätze immer wieder mit anderen Konjunktionen bzw. Adverbien verbindest, ändert sich die Satzstellung. So wird eine Inhaltsangabe viel abwechslungsreicher!

F　　Text 3

Darum sind Behinderte in Mode (Claudia Mayer)

1　*Die Werbung hat die Behinderten entdeckt: Auch ohne Arme und Beine kann man gut aus-*
sehen und Model sein. Fragt sich nur, wie lange das Interesse anhält. Hoffentlich für immer.

Der Mann in der U-Bahn hat keine Arme. Schnell wegschauen. Und gleich wieder hin.
Seinen Rollstuhl steuert er mit dem Mund. Schnell wieder wegschauen. Ob er Beine hat,
5　kann ich nicht sehen, liegt eine Decke drüber. Noch ein schneller, heimlicher Blick –
wieder weg. Dann aussteigen. „Starr den armen Mann nicht so an", zischelt eine Frau.
Ich zucke zusammen, merke aber dann, dass ich gar nicht gemeint bin. Sie hat mit ihrer
kleinen Tochter gesprochen. Behinderte schaut man nicht an, nicht auf der Straße, nicht
in der U-Bahn. Aber in der Modezeitung oder auf riesigen Plakaten: Da kann man seit
10　neuem ungestraft starren. Die rundgesichtigen, schmaläugigen Kinder mit Down-Syndrom,
die Benetton für die Herbst-Kampagne in Pullis, Hosen und Jacken steckte. Oder die Frau
ohne Unterschenkel, Aimee Mullens, die der Modedesigner Alexander McQueen auf
deutlich sichtbaren, handgeschnitzten Prothesen über den Laufsteg schreiten ließ. Die
Modefotos in der englischen Zeitschrift „Dazed and Confused" mit dem Contergan-
15　Mann Mat Fraser, der Kleinwüchsigen Helen Mcintosh, der armlosen Alison Lapper. So
sehen also Liliputaner-Füße aus. Die Narben einer beidseitigen Armamputation. Und die
Gelenke der Contergan-Hände sind wie ums Eck gewachsen. Welche Kleider tragen diese
Models? Keine Ahnung. Aber ich weiß jetzt, wie Unterschenkel-Prothesen festgemacht
werden. Voyeurismus pur.
20　Die Frage ist: Ist das schlecht? Ja, ist es. Die Kampagne von Benetton ist bloß eine weitere
Schockkampagne, wie es schon viele gab. Sie steht neben dem Neugeborenen, das noch
mit Blut und Käseschmiere bedeckt ist, neben dem sterbenden Aidskranken und dem
blutbefleckten T-Shirt des toten Soldaten. Die neue Werbung mit den geistig behinderten
Kindern will genauso ein Hingucker mit Schockeffekt sein.
25　Was völlig in Ordnung ist. Fanden auch die Behindertenorganisationen und viele Zeitungen.
Und sagten vor lauter Begeisterung gleich einen Bewusstseinswandel bei Nichtbehinderten
voraus. Bewusstseinswandel? Es ist ziemlich naiv, aus dieser einen Kampagne – die Bilder
hingen gerade einmal zwei Wochen und das auch nur in größeren Städten – ein neues
Bewusstsein gegenüber Behinderten abzuleiten. Oder zu hoffen, es werde sich ab jetzt im
30　Verhältnis von Behinderten und Nicht-Behinderten einiges ändern. Der Jubel über die
schönen und bewegenden Bilder ist verfehlt und übertrieben.
Und die Modestrecke in „Dazed and Confused": Klugerweise sicherte sich die Zeitschrift
schon von vornherein ab, erklärte, sie habe keine gesellschaftskritischen Absichten, man
wolle nur ein „fröhliches Feiern des Unterschieds" veranstalten. Trotzdem leitete Mode-
35　macher Wolfgang Joop im „Spiegel" aus der einmaligen Aktion gleich den Wunsch nach
einem neuen Schönheitsideal ab: der Makel als Ideal. Das „Anderssein als die anderen",
der Wunsch nach Individualität werde die übliche Model-Schönheit ersetzen, prophezeite
er. Es ist doch so: Zwei Kampagnen machen noch kein neues Schönheitsideal, noch nicht
einmal einen Trend für die Zukunft. Jahrhundertelang galten Symmetrie und Makellosig-
40　keit als schön. Evolutionsforscher behaupten sogar, dies sei dem Menschen angeboren,

weil es Gesundheit signalisiere und eine erfolgreiche Fortpflanzung verspreche. Und das soll sich mit ein paar Plakaten ins Gegenteil verkehren? Sicher nicht. Auch wenn Benetton-Fotograf Oliviero Toscani den Dadaismus-Spruch „Die Dummen sehen das Schöne nur in der Schönheit" zitiert, wird auch er mit seinen Bildern so schnell nichts bewirken – in spätestens zwei Wochen wird das Medieninteresse wieder weg und die Behinderten aus unseren Köpfen verschwunden sein – zusammen mit den Plakaten.

Und im Verhalten Behinderten gegenüber ändern die neu entdeckten Models erst recht nichts. Nicht einmal bei Benetton selbst: Der Kleiderhersteller kann sich nicht vorstellen, jemals Kleider zu fertigen, die den speziellen Bedürfnissen von Behinderten gerecht werden – etwa für Rollstuhlfahrer, die Kleider mit längerer Rückenpartie und kürzeren Hosen brauchen. „Das kann ein so großer Betrieb wie der unsere nicht leisten", sagte die Benetton-Sprecherin Paola Balbo di Vinadio. „Dafür gibt es kleinere Unternehmen." Und das, obwohl gerade ein Großkonzern wie Benetton, der mit Gesellschaftskritik schockt und wirbt, in der Verantwortung steht: Er sollte Behinderte ebensowenig wie Aidskranke oder Kriegsopfer nicht nur auf Werbefotos ausstellen und sie dann wieder vergessen.

Dass der Benetton-Katalog schon kurz nach seinem Erscheinen vergriffen war, ist keineswegs ein Zeichen dafür, dass die Fotos von den Kunden positiv aufgenommen worden sind, wie Benetton selbst vermutet. Das kann genauso gut ein Zeichen für Sensationsgier und Voyeurismus sein.

Die Frage ist: Ist das schlecht? Nein, ist es nicht. Viele von uns kennen keinen Behinderten näher. Bei den meisten beschränkt sich der Kontakt auf verschämte U-Bahn-Begegnungen. Oder schlimmstenfalls auf die Aktion-Sorgenkind-Werbung. Über das Down-Syndrom und die Contergan-Opfer weiß man bestenfalls noch das wenige, was man in Biologie gelernt hat. Über Behinderte schwirren in unserem Kopf oft nur Klischees herum.

Die Behinderten-Models können tatsächlich etwas bewirken. Wir könnten damit aufhören, Behinderte als „anders" und „fremd" zu empfinden. Dann nämlich, wenn wir sie öfter sehen, nicht nur in Aktionen mit Hinguck-Schockeffekt. In vielen verschiedenen Kampagnen, in den nächsten zwei, drei, vier Jahren. In denen sie etwa für Ferrero-Küsschen oder das Festnetz der Telekom werben. Dabei ist es gar nicht so wichtig, dass in solchen Anzeigen und Spots auch nur wieder „schöne" Behinderte zu sehen sind: Werbung schafft eine illusionäre Welt. Eine Welt, wie wir sie gerne hätten. Erst wenn Behinderte aus dieser Welt nicht länger ausgeschlossen sind, gehören sie irgendwann auch zum Alltag. Dann werde ich den Rollstuhlfahrer in der U-Bahn vielleicht weniger verschämt anschauen. Vielleicht werde ich mich dann nicht mehr bloß fragen, was mit seinen Beinen passiert ist, sondern wo er seine tolle Jacke gekauft hat. Nicht mehr? Nicht mehr. Aber das ist schon ganz schön viel.

(Aus: „Jetzt", Magazin der Süddeutschen Zeitung, 9.11.1998)

Tipp

Bevor du weiterarbeitest, solltest du den Artikel an der Perforation heraustrennen – dann hast du es einfacher!

1. Der Umgang mit einem Sachtext

Texte, in denen Erfundenes erzählt wird, nennt man **fiktionale** Texte. Bezieht sich ein Text auf Tatsachen, so handelt es sich um einen nicht-fiktionalen, einen **Sachtext**. Sachtexte kann man nach der **Absicht**, die der Autor damit verfolgt, und der **Form** unterscheiden.

Beispiel

Absicht des Autors kann sein:
- *Information (= Wissen vermitteln)*
- *Argumentation (= einen Gedankengang entwickeln)*
- *Appell (= eine Handlung oder Denkweise bewirken)*
Natürlich gibt es auch Mischformen!
Form eines Sachtexts kann sein:
- *Journalistischer Text: Nachricht, Bericht, Kommentar, Glosse, Kritik, Interview, Reportage*
- *Wissenschaftlicher Text: Abhandlung, Lexikonartikel usw.*
- *Andere: Rede, Essay, Leserbrief usw.*

Übung 1   **Bestimme den Text von Claudia Mayer nach Absicht und Form.**

1. Absicht: ....

2. Form: ....

Merke

Wichtig ist neben dem Namen des Autors auch die **Quelle**, aus der ein Sachtext stammt.

Übung 2   **Formuliere den ersten Satz der Inhaltsangabe mit den angegebenen Informationen.**

Der .... *(Textsorte)* von .... *(Autor)* mit

dem Titel ....

ist in/im ....

(Stelle der Veröffentlichung) vom .... *(Datum)* erschienen.

Merke

Ein Zeitungskommentar enthält oft auch Formulierungen, die ironisch oder kritisch gemeint sind und die stilistisch auffallen. Sie dürfen in einer sachlichen Inhaltsangabe nicht erscheinen.

Übung 3

Suche mindestens ein weiteres Stilmittel, das für den Text typisch ist, und belege es mit einem Beispiel.

....

....

Übung 4

Beurteile nach den vorgegebenen Kriterien die Einleitungssätze, mit denen Schüler das Thema des Textes zusammengefasst haben.

In diesem Text geht es um
1. die Scheu vor Behinderten.
2. die Werbung der Firma Benetton.
3. die Aspekte, die für und gegen eine Werbekampagne mit Behinderten als Models sprechen.
4. Behinderte, die auf Werbeplakaten fotografiert sind.
5. die Vorteile einer Zurschaustellung von Behinderten in der Öffentlichkeit, dargestellt vor allem am Beispiel der Firma Benetton, und deren Nachteile, insbesondere die fehlende Auswirkung auf den Betrachter.

Unzutreffend: Nr. ....

Zu umfangreich: Nr. ....

Zutreffend: Nr. ....

Unvollständig: Nr. ....

Merke

Bevor du die Inhaltsangabe eines argumentativen Textes schreiben willst, musst du dich fragen, zu welchem **Ergebnis** oder Schluss der Autor kommt. Das erfährt man normalerweise nicht erst im allerletzten Teil; dieser kann zum Beispiel eine Zusammenfassung oder, wie hier, einen persönlichen Ausblick enthalten.

Übung 5

Markiere den Absatz, in dem die Autorin ihr Ergebnis darstellt, gib die Zeilen an und fasse es in einem Satz zusammen:

Zeile .... bis ....

Ergebnis: ....

2. Der Aufbau des Textes

Sachtexte können unterschiedlich aufgebaut sein. Je nach ihrem Aufbau kannst du bei der Inhaltsangabe abschnittweise vorgehen oder musst die Abschnitte neu ordnen.

Beispiel

Typ 1: Verschiedene Aspekte werden der Reihe nach abgehandelt (z. B. *Auswirkungen des Fernsehens auf Jugendliche*)

Typ 2: Es werden ein oder mehrere Aspekte von verschiedenen Seiten betrachtet (z. B. *Für und Wider das Einblenden von Werbung in Spielfilme*)

Typ 3: Verschiedene Aspekte werden in loser, assoziativer Folge behandelt (z. B. *Rolle des Fernsehens im modernen Leben*)

Übung 1

Markiere im Text die Stellen, wo jeweils ein neuer Gedanke beginnt und unterstreiche in jedem der fünf Abschnitte eine Kernstelle. Schreibe die Zeilenangaben für die Abschnitte und eine Zusammenfassung der Kernstelle auf.

1. Abschnitt, Zeile 1 bis .... : ....

....

2. Abschnitt, Zeile ....

....

3. Abschnitt, Zeile ....

....

   a. Zeile ....

....

   b. Zeile ....

....

4. Abschnitt, Zeile ....

....

5. Abschnitt, Zeile ....

....

Übung 2

**Um welchen Typ Sachtext handelt es sich?
Beschreibe den gedanklichen Aufbau in einem Satz:**

1. Typ: ....

2. Aufbau: ....

Übung 3

**Welche Form des Einstiegs hat die Journalistin
gewählt? Unterstreiche die richtige Antwort.**

1. Hinführung zum Thema
2. Unmittelbarer Einstieg in die Argumentation
3. Unmittelbarer Einstieg in eine szenische Darstellung
4. Schilderung eines aktuellen Anlasses

Übung 4

Bestimme nun Einleitung, Hauptteil und Schluss des Textes:

1. Einleitung: Zeile .... bis ....

2. Hauptteil: Zeile .... bis ....

3. Schluss: Zeile .... bis ....

Übung 5

**Wie gibst du den Einstieg in deiner Inhaltsangabe wieder?
Unterstreiche die bessere Formulierung und begründe, warum
die andere nicht so geeignet ist.**

1. Der Text geht von dem Satz aus, den eine Mutter in der Szene am Anfang in der
U-Bahn zu ihrem Kind sagt: Behinderte soll man nicht anstarren.
2. Der Text beginnt mit einem szenischen Einstieg, aus dem sich die These ergibt, dass
man Behinderte nicht als anomal betrachten solle.

Begründung: ....

Übung 6

**Untersuche nun den Hauptteil genauer. Welche Argumente
findest du?**

1. Gegen die Werbekampagne:
kein Anstoß zum Nachdenken

....

....

2. Für die Werbekampagne:

....

....

3. Gedankliche Zusammenhänge formulieren

Die Inhaltsangabe eines argumentativen Sachtextes soll die **Fakten** wiedergeben und die **gedanklichen Zusammenhänge** verdeutlichen. Dazu musst du die Techniken der Wiedergabe einer Argumentation und der Zusammenfassung beherrschen.

Übung 1

Ergänze die beiden Listen von Ausdrücken, mit denen man gedankliche Zusammenhänge wiedergeben kann. Es sollten dir jeweils etwa 10 Ausdrücke einfallen:

Deshalb, folglich, außerdem,

behaupten, infrage stellen,

Merke

Um die Inhaltsangabe knapp formulieren zu können, kannst du längere Ausdrücke mit Verben zu Nomen oder nominalen Wendungen zusammenfassen. Man nennt das „nominalisieren".

Beispiel

> *Die Werbung bewirkt zunächst, <u>dass man überrascht ist</u>.*
> So kann der unterstrichene Nebensatz nominalisiert werden:
> *Die Werbung bewirkt zunächst einen Überraschungseffekt.*
> (Stilistisch unschön sind zu viele nominale Wendungen:
> *Zunächst ist die Wirkung der Werbung ein Überraschungseffekt.*)

Übung 2

Forme entsprechend um. Bei Satz 3 kannst du auch anwenden, was du über die indirekte Rede gelernt hast.

1. Behinderte soll man nicht anstarren, <u>obwohl sie durch ihr Äußeres auffallen</u>.

....

2. Jahrhundertelang galt <u>als schön, was symmetrisch und makellos ist</u>.

....

3. Evolutionsforscher sprechen davon, <u>dass das Schönheitsideal dem Menschen angeboren sei</u>.

....

4. Der Kleiderhersteller kann sich nicht vorstellen, <u>jemals Kleider zu fertigen, die den speziellen Bedürfnissen von Behinderten gerecht werden</u>.

....

5. Man hofft, <u>es werde sich im Verhalten Behinderten gegenüber einiges ändern</u>.

....

Übung 3

Finde die Absätze, die man mit den folgenden Thesen zusammenfassen kann.

1. Werbekampagnen sollen betroffen machen. Zeile ....

2. Werbekampagnen mit Behinderten oder Kranken können das Schönheitsideal

   beeinflussen. Zeile ....

3. Das Verhalten gegenüber Behinderten verändert sich durch diese Werbung nicht.

   Zeile ....

4. Nicht-Behinderte haben über Behinderte zu wenig Informationen. Zeile ....

Übung 4

Fasse drei weitere Abschnitte in Thesen zusammen.

1. Zeile 9–19: ....

2. Zeile 34–42: ....

3. Zeile 55–58: ....

Übung 5

Formuliere die These, die die Beispiele in Zeile 60 bis 64 belegen.

....

4. Die Inhaltsangabe überarbeiten

Auch wenn du keine Zeit hast, die Inhaltsangabe zweimal zu schreiben: Verbessern kann man immer. Am besten geht das natürlich am Computer. Aber es gibt auch die Möglichkeit, sauber zu streichen und kleinere Korrekturen zwischen den Zeilen und längere als Fußnote anzubringen.

Übung 1

Verbessere die markierten Fehler am Rand. Gib an, ob es sich um Rechtschreib- (R), Grammatik- (Gr) oder Ausdrucksfehler (A) handelt.

Es ist kaum zu <u>läugnen</u>, <u>das</u> die Werbung mit Behinderten den „Voyeurismus" der Menschen befriedigt. Es stellt sich <u>nichtsdestoweniger</u> die Frage, ob diese Kampagnen nur negative oder auch positive Aspekte <u>hätten</u>.
Zu bedenken ist, dass kein echter Bewusstseins-wandel <u>gegen Behinderte</u> bewirkt und die feste Vorstellung von dem, <u>das</u> schön ist, nicht <u>beeinflußt</u> wird.

Übung 2

Verbessere die Stellen, die der Lehrer schon mit Anmerkungen versehen hat.

1. Behinderte schaut man nicht an. Die neuen Werbe-plakate erlauben, dass man ungestraft starrt.

Zusammenhang herstellen
sachlich ausdrücken

2. Die neue Werbung mit den geistig behinderten Kindern soll bewirken, dass man hinguckt und schockiert ist.

Ausdruck
zusammenfassen

3. Die Behindertenorganisationen fanden das in Ordnung. Und sagten gleich einen Bewusstseins-wandel bei Nicht-Behinderten voraus.

Ausdruck
Satzbau

4. Bewusstseinswandel? Die Hoffnung, es werde dazu kommen, ist sicher übertrieben, also ist der Jubel über die schönen und bewegenden Bilder verfehlt und übertrieben.

keine Stilmittel übernehmen
sachlich schreiben
Wortwiederholung

....

....

5. Viele von uns kennen keine Behinderten aus dem Alltagsleben. Dadurch schwirren in den Köpfen Klischees herum.

Übernahme aus dem Text

....

....

6. Durch die Plakate mit behinderten Models wird das verstärkt.

Sinn: Gegenteil

....

7. Nur wenn Behinderte aus der illusionären Welt der Werbung ausgeschlossen sind, gewöhnen wir uns wirklich an sie.

Argumentation: falscher Zusammenhang

....

....

8. Die Autorin zieht am Schluss das persönliche Fazit, sie werde sich in Zukunft nicht mehr fragen, was der Rollstuhlfahrer mit seinen Beinen gemacht habe, sondern wo er seine tolle Jacke gekauft habe.

Übernahme aus dem Text

....

....

Merke

Im Anschluss an die Inhaltsangabe zu einem Sachtext kann eine begründete Stellungnahme gefragt sein.

Übung 3   Begründe deine eigene Meinung zu dem Thema.

Ich bin für/gegen die Werbung mit Behinderten, weil ....

....

Sachlich schreiben

Die Inhaltsangabe soll in eigenen Worten **knapp** und **sachlich**, aber **genau** über das Wesentliche des Textes informieren. Dazu muss man die Techniken des Weglassens, des Zusammenfassens und des treffenden Ausdrucks beherrschen.

Übung 1

Formuliere die Sätze neu, indem du die unterstrichenen Verbalausdrücke durch nominale Wendungen ersetzt.

1. Die Rakete <u>wird von jetzt an gewartet</u>.

2. Ein Zeltlager wird aufgebaut, <u>woran mehrere hundert Menschen beteiligt sind</u>.

3. Millionen begrüßen es, <u>wie der Mond aufgeht</u>.

4. <u>Der Mond leuchtete hell</u>, als sie ankamen.

5. <u>Als sie die Mondreisenden sahen</u>, sangen sie die Nationalhymne.

6. Es klang, <u>als ob ein Donner über das Lager hallte</u>.

7. Die Reisenden waren bereit <u>einzusteigen</u>.

Übung 2

Der folgende Text beschreibt den Start einer Mondrakete. Fasse die Abschnitte in deinem Heft jeweils mit <u>einem</u> Satz sachlich zusammen.

Nach: Jules Verne, Von der Erde zum Mond

1. Da schlug es 22 Uhr. Es war der Augenblick, in dem der Einstieg begann. Das Hinabfahren, Einsitzen und Verschließen der Luke, das Entfernen der Krane über der Mündung erforderte seine Zeit. Während der Kranführer den Fahrkorb heranschwenkte, nahmen drei Männer Abschied von ihren Freunden …

2. Die Klarheit des Mondes löschte auf seiner Bahn den Glanz der Sterne aus. Gerade durchzog er die Zwillinge und befand sich auf halber Höhe zwischen Horizont und Zenit. Das war die Vorgabe, die man für den Schuss brauchte. Eine furchtbare Stille lag über der nächtlichen Szene. Fast ohne zu atmen, hing jeder mit seinem Blick an der Kuppe des Hügels. Alle zehn Sekunden gab Murchison die verbleibende Zeit durch. Die letzten 40 Sekunden zählte er laut mit. Der Druck auf die Taste kam, die Stromverbindung war da und schleuderte den Funken in die Tiefen des Geschützes. Eine entsetzliche, übermenschliche Explosion geschah. Aus den Eingeweiden der Erde schoss eine Feuergarbe wie aus dem Schlund eines Kraters, der Boden hob sich, warf alles, was in dieser Nacht auf den Beinen war, um und verhinderte, dass auch nur einer hätte sehen können, wie das Geschoss von flammensprühendem Dunst umgeben siegreich die Luft durchschnitt.

Übung 3 — Unterstreiche den Ausdruck in Klammern, der dir für den Zusammenhang richtig erscheint.

1. Es blieb den Wartenden während langer Wochen (versagt – untersagt), den Mond zu sehen.
2. Er murmelte etwas (Unverständliches – Unverständiges).
3. Man musste beim Aufstellen der Zelte ausreichend Abstand (behalten – einhalten), damit die Bewohner sich nicht gegenseitig störten.
4. Vom Moment seiner (Krankheit – Erkrankung) an hatte er an den Vorbereitungen zur Mondreise nicht mehr teilnehmen können.
5. Das allgemeine Geschrei störte die Anwohner (empfindlich – empfindsam).
6. Es lässt sich kaum (definieren – beschreiben), mit welcher Begeisterung die Mondfahrer empfangen wurden.
7. Eine (Folge – Folgerung) des Abschusses war ein Erdbeben.
8. Dass die Begeisterung trotz der Zerstörungen groß war, ist (verständlich – verständig).
9. (Das Thema – die Thematik) des Romans ist die Reise zum Mond.
10. Viele Menschen benehmen sich Benachteiligten gegenüber (unsozial – asozial).

Übung 4 — Formuliere nun jeweils einen Satz mit den Wörtern, die du in den Sätzen 1., 5., 7., 8. und 9. nicht gebraucht hast und schreibe ihn in dein Heft.

H   Text 4

Mechanischer Doppelgänger (Hermann Kasack)

1 „Ein Herr wünscht Sie zu sprechen", meldet die Sekretärin. Ich las auf der Besuchskarte:
Tobias Hull, B. A. – Keine Vorstellung. Auf meinen fragenden Blick: „Ein Herr in den besten
Jahren, elegant."
Anscheinend ein Ausländer. Immer diese Störungen. Irgendein Vertreter. Oder? Was weiß
5 man.
„Ich lasse bitten."
Herr Tobias Hull tritt mit vorsichtigen Schritten ein. Er setzt Fuß vor Fuß, als fürchte er, zu
stark aufzutreten. Ob er leidend ist? Ich schätze sein Alter auf Mitte vierzig. Eine große
Freundlichkeit strahlt aus seinem glatt rasierten, nicht unsympathischen Gesicht. Sehr
10 korrekt angezogen, beinahe zu exakt in seinen verbindlichen Bewegungen, scheint mir.
Nun, man wird sehen. Mit der Hand zum Sessel weisend:
„Was verschafft mir die Ehre Ihres Besuches?"
„Oh! Ich wollte mich Ihnen nur vorstellen."
„Sehr angenehm", sage ich.
15 „Oh! Sie verstehen!" Dieses mit einem leicht jaulenden Ton vorgebrachte Oh! ist unnach-
ahmlich. Seine müde, etwas monotone Stimme hat einen kleinen fremden Akzent. Er
sieht mich mit freundlicher Erwartung an.
Über das Benehmen meines Besuches doch ein wenig erstaunt, wiederhole ich: „Sehr
angenehm. Aber darf ich Sie fragen …"
20 Da werde ich sogleich mit seinem „Oh!" unterbrochen: „Bitte fragen Sie mich nicht."
Und dann beginnt er, seine Geschichte zu erzählen, die er anscheinend schon hundert-
mal vorgebracht hat: „Ich bin nämlich ausgestopft!"
„Aber – erlauben Sie mal!"
Das eigentümliche Wesen, das mich überlegen fixiert, beachtet den Einwurf nicht, son-
25 dern fährt unbeirrt fort: „Erschrecken Sie nicht, weil ich eine Art Automat bin, eine
Maschine in Menschenform, ein Ersatz sozusagen. Mr. Tobias Hull existierte wirklich. Der
Chef einer großen Fabrik zur Herstellung von mechanischen Doppelgängern. Ich bin, wie
sagt man, seine Projektion, ja, Agent in Propaganda. Ich kann Ihnen natürlich meinen
Mechanismus im Einzelnen nicht erklären – Sie verstehen: Fabrikationsgeheimnis! Aber
30 wenn Sie daran denken, dass die meisten Menschen heutzutage ganz schablonenmäßig
leben, handeln und denken, dann werden Sie sofort begreifen, worauf sich unsere
Theorie gründet! Herz und Verstand werden bei uns ausgeschaltet. Sie sind es ja, die im
Leben so oft die störenden Komplikationen hervorrufen. Bei uns ersetzt die Routine alles.
Sehr einleuchtend, nicht wahr?"
35 Ich nickte verstört.
„Oh! Mein Inneres ist ein System elektrischer Ströme, automatischer Hebel, großartig!
Eine Antennenkonstruktion, die auf die feinsten Schwingungen reagiert. Sie lässt mich alle
Funktionen eines menschlichen Wesens verrichten, ja, in gewisser Weise noch darüber
hinaus. Sie sehen selbst, wie gut ich funktioniere."
40 Zweifelnd, misstrauisch betrachte ich das seltsame Geschöpf. „Unglaublich!", sage ich.
„Ein Taschenspielertrick. Sehr apart. Indessen …"

„Oh! Ich kann mich in sieben Sprachen verständigen. Wenn ich zum Beispiel den obersten Knopf meiner Weste drehe, so spreche ich fließend Englisch, und wenn ich den nächsten Knopf berühre, so spreche ich fließend Französisch, und wenn ich …"

„Das ist wirklich erstaunlich!"

„Oh! In gewisser Weise; vor allem aber angenehm. Wünschen Sie ein Gespräch über das Wetter, über Film, über Sport? Über Politik oder abstrakte Malerei? Fast alle Themen und Vokabeln des modernen Menschen sind in mir vorrätig. Auch eine Spule von Gemeinplätzen lässt sich abrollen. Alles sinnreich, komfortabel und praktisch. Wie angenehm wird es für Sie sein, wenn Sie sich erst einen mechanischen Doppelgänger von sich halten – oder besser, wenn Sie gleich zwei Exemplare von sich zur Verfügung haben. Sie könnten gleichzeitig verschiedene Dienstreisen unternehmen, an mehreren Tagungen teilnehmen, überall gesehen werden und selber obendrein ruhig zu Hause sitzen. Sie haben einen Stellvertreter Ihres Ich, der Ihre Geschäfte wahrscheinlich besser erledigt als Sie selbst. Sie werden das Doppelte verdienen und können Ihre eigene Person vor vielen Überflüssigkeiten des Lebens bewahren. Ihr Wesen ist vervielfältigt. Sie können sogar sterben, ohne dass die Welt etwas davon merkt. Denn wir Automaten beziehen unsere Existenz aus jeder Begegnung mit wirklichen Menschen."

„Aber dann werden ja die Menschen allmählich ganz überflüssig."

„Nein. Aus eben diesem Grunde nicht. Zwei Menschenautomaten können mit sich selbst nur wenig anfangen. Haben Sie also einen Auftrag für mich?"

Mit jähem Ruck sprang das Wesen auf und sauste im Zimmer hin und her.

„Oh! Wir können auch die Geschwindigkeit regulieren. Berühmte Rennfahrer und Wettläufer halten sich schon Doppelgänger-Automaten, die ihre Rekorde ständig steigern."

„Fantastisch! Man weiß bald nicht mehr, ob man einen Menschen oder einen Automaten vor sich hat."

„Oh!", zischte es an mein Ohr, „das letzte Geheimnis der Natur werden wir nie ergründen. – Darf ich also ein Duplikat von Ihnen herstellen lassen? Sie sind nicht besonders kompliziert zusammengesetzt, das ist günstig. Das hineingesteckte Kapital wird sich bestimmt rentieren. Morgen wird ein Herr kommen und Maß nehmen."

„Die Probe Ihrer Existenz war in der Tat verblüffend, jedoch …" Mir fehlten die Worte, und ich tat so, als ob ich überlegte.

„Jedoch, sagen Sie nur noch: Der Herr, der morgen kommen soll, ist das nun ein Automat oder ein richtiger Mensch?"

„Ich nehme an, noch ein richtiger Mensch. Aber es bliebe sich gleich. Guten Tag."

Mr. Tobias Hull war fort. Von Einbildung kann keine Rede sein, die Sekretärin ist mein Zeuge. Aber es muss diesem Gentlemangeschöpf unmittelbar nach seinem Besuch bei mir etwas zugestoßen sein, denn weder am nächsten noch an einem späteren Tage kam jemand, um für meinen Doppelgänger Maß zu nehmen. Doch hoffe ich, wenigstens durch diese Zeilen die Aufmerksamkeit der Tobias-Hull-Gesellschaft wieder auf meine Person zu lenken.

Denn eines weiß ich seit jener Unterhaltung gewiss: Ich bin inzwischen vielen Menschen begegnet, im Theater und im Kino, bei Versammlungen und auf Gesellschaften, im Klub und beim Stammtisch, die bestimmt nicht sie selber waren, sondern bereits ihre mechanischen Doppelgänger.

Tipp

Bevor du weiterarbeitest, solltest du die Geschichte an der Perforation heraustrennen – dann hast du es einfacher!

1. Lesen und verstehen

Nicht jeder Text erschließt sich gleich beim ersten Lesen. Du wirst den Sinn einer Geschichte manchmal erst nach einigem Nachdenken ganz erfassen. So geht es dir vielleicht auch bei diesem Text.

Übung 1   Beantworte die Fragen zum Text in Stichworten.

1. Welche Personen kommen vor?

....

2. Welche davon sind wichtig?

....

3. Mit welcher Erwartung empfängt der Erzähler den Besucher?

....

4. Wie sieht der Besucher aus?

....

....

5. Wie verhält er sich?

....

....

6. Wer behauptet der Besucher zu sein?

....

7. Welches Ziel hat der Besuch nach seiner Aussage?

....

8. Was sind „Gemeinplätze" (Z. 48/49) und in welchem Zusammenhang kommen sie vor?

....

Übung 2   Nenne die wesentlichen Vorteile eines Doppelgängers gegenüber dem Original, wie sie Mr. Hull darstellt.

....

....

Übung 3   Nenne mindestens drei Ausdrücke aus der Geschichte (Zeilenangabe), die zeigen, dass der Erzähler befremdet auf seinen Besucher reagiert.

Übung 4   Welches Verhalten der Menschen erleichtert die Herstellung von Doppelgängern nach Aussage des Besuchers? Zitiere die Aussage und nenne die Fundstelle.

Übung 5   Formuliere die Erfahrung, von der der Erzähler am Schluss spricht.

Übung 6   Worin liegen deiner Meinung nach die Ursachen für die Gefahr, dass viele Menschen heutzutage nicht „sie selbst" sind, sondern wie „mechanische Doppelgänger" leben? Kannst du drei bis vier nennen? Schreibe sie in dein Heft.

Übung 7   Jetzt kannst du den Einleitungssatz mit der Kernaussage schreiben.

2. Eine Kurzgeschichte erkennen

Nicht jede (kurze) Geschichte ist eine Kurzgeschichte.
Eine **Kurzgeschichte** erkennt man vor allem an bestimmten **inhaltlichen** Merkmalen:
1. Ort und Zeit sind unbestimmt;
2. alltägliche, oft namenlose Personen verkörpern einen Typ Mensch oder eine Idee (z. B. Sehnsucht oder Gerechtigkeit);
3. ein Ausschnitt aus dem Leben eines Menschen, der eine entscheidende Wende bedeutet, wird erzählt.

Übung 1

Zeige, inwiefern die Geschichte von Hermann Kasack diese Kriterien erfüllt.

Ort und Zeit: ....

Personen: ....

Handlung: ....

Übung 2

Welchen Typ Mensch oder welche Idee verkörpern der Erzähler und der Besucher deiner Meinung nach?

Erzähler: ....

Besucher: ....

Merke

Kurzgeschichten haben meist auch folgende Kennzeichen:
1. Sie beginnen mit einem unmittelbaren Einstieg in das Geschehen.
2. Der Schluss bleibt offen, der Leser muss über den Sinn nachdenken.

Übung 3

Womit beginnt und endet die Geschichte? Vervollständige die Sätze.

1. Die Geschichte beginnt damit, dass ....

....

2. Sie endet damit, dass ....

....

Übung 4 Welche Informationen vermisst der Leser zu Beginn der Geschichte? Stelle Fragen danach.

....

....

Übung 5 Welche Fragen bleiben am Schluss offen?

....

....

....

Übung 6 Welche Folgen könnte das Erlebnis für den Erzähler haben?

....

....

Merke Kurzgeschichten sind meist in einfacher Alltagssprache geschrieben. Trotzdem gibt es typische Stilmittel, z. B.
1. **Schlüsselwörter**, d. h. Wörter, die mehrmals vorkommen und die den Sinn „erschließen" können,
2. **Ellipsen**, d. h. unvollständige Sätze. (Achtung: Diese dürfen in dieser Form nicht in die Inhaltsangabe übernommen werden!)

Übung 7 Was ist das Schlüsselwort dieser Geschichte, in welchen Varianten kommt es vor und an welchen Stellen?

Schlüsselwort: ....

Varianten: ....

Zeilen: ....

Übung 8 Schreibe drei unvollständige Sätze aus dem Absatz Zeile 1 bis 11 auf.

....

....

3. Den Text gedanklich gliedern

Um einen Text gedanklich zu gliedern, teilst du seine inhaltlichen Abschnitte in **Einleitung, Hauptteil und Schluss** ein.
Außerdem unterscheidest du zwischen über- und untergeordneten Gesichtspunkten, denn manchmal lassen sich mehrere Abschnitte unter einem **übergeordneten Aspekt** zusammenfassen. Dies müssen nicht immer aufeinander folgende Abschnitte sein. Auch Absätze sind nicht immer inhaltliche Abschnitte.

Übung 1

Unterstreiche in der noch nicht gegliederten Aufzählung die Punkte, die unter „Beschreibung des Automaten" zusammen-zufassen sind.

1. Eintreten des Besuchers
2. Vorstellen des Besuchers als Automat
3. Statt Herz und Verstand: Routine
4. System elektrischer Ströme
5. Befremden des Erzählers
6. Fremdsprachen
7. Interesse des Erzählers
8. Konversation über Themen wie Wetter, Film, Politik, Malerei
9. Angebot eines Doppelgängers an den Erzähler
10. Rolle der Menschen für die Doppel-gänger
11. Rennfahrer-Doppelgänger
12. Probleme der Doppelgänger
13. Vorschlag, einen Vertreter zu schicken, der Maß für einen Automaten nimmt
14. Ausbleiben des Vertreters

Übung 2

Fülle die leeren Ovale mit treffenden Oberbegriffen aus.

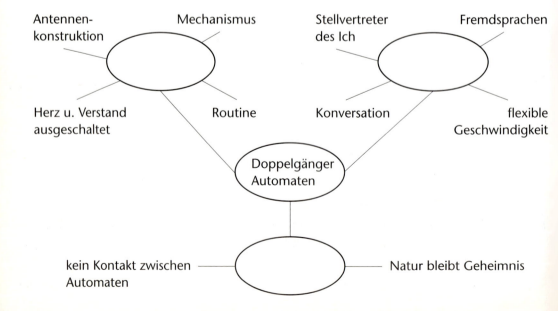

Übung 3

Gib nun die Stellen an, an denen das Ziel des Besuches angesprochen wird, und fasse kurz zusammen, wie das geschieht.

Zeile .... : ....

....

Zeile .... : ....

....

Übung 4

Jetzt kannst du das Gliederungsschema für deine Inhaltsangabe ausfüllen.

A) ....

B) ....

     I. ....

    II. Beschreibung des Automaten

        1. ....

        2. ....

        3. ....

    III. ....

    IV. ....

C) ....

Übung 5

Wo ändert sich während des Gesprächs der Eindruck, den der Erzähler von dem Besucher hat? Zeige den Verlauf.

Erster Eindruck: ....

Wende ab Zeile ...., denn ....

....

Übung 6

Warum zeigt der Erzähler deiner Meinung nach Interesse an der Tobias-Hull-Gesellschaft?

....

....

....

4. Die Inhaltsangabe schreiben und überarbeiten

Die Geschichte besteht zum größten Teil aus Dialogen. Denke daran, dass es verschiedene Formen gibt, Dialoge wiederzugeben.

Übung 1

Fasse den ersten Dialog (Zeile 1 bis 6) zusammen und beantworte dabei die W-Fragen *Wer?, Wo?, Wann?, Was?* in zwei Sätzen.

Übung 2

Fasse den ersten Eindruck des Erzählers über das Aussehen des Besuchers zusammen.

Übung 3

Was kommt dem Erzähler am Verhalten des Besuchers merkwürdig vor?

Übung 4

In Zeile 20 bis 29 steht, wie sich der Besucher vorstellt. Fasse in indirekter Rede und möglichst in einem Satz zusammen.

Übung 5

Erkläre nun knapp das Prinzip, nach dem die Automaten funktionieren.

Übung 6

Weshalb könnte es ein Vorteil des Automaten sein, dass „Herz und Verstand" durch „Routine" ersetzt sind?

Übung 7

Der folgende Ausschnitt aus einer Inhaltsangabe ist zu lang geraten. Streiche die überflüssigen Stellen.

Der Vertreter erklärt, dass er sich in sieben Sprachen verständigen könne. Wenn er an den entsprechenden Knöpfen seiner Weste drehe, spreche er fließend Englisch, Französisch oder andere Fremdsprachen. Über allgemeine, aber auch Themen, die eine gewisse Bildung voraussetzen, könne er Gespräche führen, zum Beispiel über das Wetter, Politik, Film, Sport oder abstrakte Malerei. Auch was die Geschwindigkeit seiner Fortbewegung angehe, sei er flexibel und könne sogar Rekorde erzielen. So gebe es schon Duplikate berühmter Rennfahrer und Wettläufer, die ihre Rekorde ständig steigern würden.

Übung 8

Wie erklärt Tobias Hull, dass Menschen entgegen dem Einwand des Erzählers nicht überflüssig würden ? Fasse Zeile 57 bis 61 zusammen.

Auf den Einwand des Erzählers hin, Menschen würden durch die Automaten überflüssig, gibt T. H. zu, ...

Übung 9

So fasst Petra das Ziel des Besuchs zusammen. Raffe ihre Fassung, wo es geht.

Der Besucher will mit seiner Beschreibung den Erzähler überzeugen. Dieser soll sich einen Doppelgänger zulegen. Der Erzähler stimmt nicht ausdrücklich zu. Der Besucher kündigt an, dass ein Kollege von der Tobias-Hull-Gesellschaft vorbeikommen werde. Dieser werde Maß für ein Duplikat nehmen.

Übung 10

Peters Schluss ist auch nicht gelungen. Was ist falsch? Begründe deine Antwort.

Dem Besucher sei wohl etwas zugestoßen, meint der Erzähler, denn der versprochene Besucher erscheint nicht. Das macht ihm aber nichts, weil er gar keinen Doppelgänger haben will.

- ☐ zu ausführlich
- ☐ unsachlich
- ☐ falscher Zusammenhang
- ☐ Wichtiges fehlt

Übung 11

Schreibe einen besseren Schluss in dein Heft.

I   Text 5

Revanche (Gerd Gaiser)

1 „Einmal habe ich" – erzählte der spätere Unteroffizier Martin – „einem Kameraden eine
Wache abgenommen, und der Mensch sagte damals zu mir: Dafür werde ich mich bei dir
revanchieren.
Ich hatte nichts im Sinn gehabt damit, dass ich ihm die Wache abnahm; wir lagen in
5 Ruhe in einer kleinen Stadt an der Warthe und stellten den Mädchen nach, wie es in
Garnison der Brauch war. Es war gerade ein Sonnabend, und niemand mochte gerne von
Sonnabend zu Sonntag auf Wache ziehen, mir kam es aber damals nicht darauf an. Einen
Augenblick vorher hatte ich selbst nichts von einer solchen Absicht gewusst, dann aber
bot ich es ihm plötzlich an, wie ich den Kerl so stehen sah, als die Einteilung herauskam.
10 Ich kann mir den Burschen noch mehr als genau vorstellen, ihr werdet auch bald begreifen
warum, einer von den linkischen Vögeln, die beim Kommiss Pech haben und zu den
Diensten eingeteilt werden, von denen jeder sich drückt. Übrigens war er nicht übel
anzusehen, er konnte sogar für einen forschen Kerl gelten, solange er bloß den Mund
nicht auftat. Er litt nämlich an einem Sprachfehler, sodass seine Laute unartikuliert heraus-
15 kamen, und alles, was er sagte, von einem absonderlichen, heulenden Unterton begleitet
war. Begann er einen Satz, so zuckte es ihm in der Hand, solang er ansetzte, endlich,
wenn der Satz kam, schlenkerte er die Hand heftig, hob sie mit einem Ruck hoch und ließ
sie fallen. Das sah verwunderlich aus, und die Korporale machten sich einen Spaß damit,
den Menschen anzureden und dabei jene Hand ins Auge zu fassen, die ihm an der
20 Hosennaht zuckte und sich mühte, stillzuhalten, wie es die Vorschrift befahl.
Das versteht sich, dass er so bei Mädchen nicht viel gelten konnte, die Spötter, die ihn
auf vorgebliche Liebschaften ansprachen, glaubten an ihre Erfindungen selber nicht. Aber
nun hatte gerade damals der Pechvogel eine gefunden, die bereit war, an einem Garten-
zaun auf ihn zu warten, wahrscheinlich seine Erste, bei ihm ging das ja nicht wie bei den
25 flotten Korporalen, die jeden Tag einer die Schürze aufziehen konnten, wenn sie bloß
wollten. Kein Wunder, dass ihm die Welt einfiel, als hörte, er müsse gerade jetzt auf
Wache ziehen. Also die Wache nahm ich ihm ab, und das war sein Glück. Jetzt habe ich
auch einmal Glück gehabt, gestand er mir an einem anderen Tag und rückte mir ganz nah
auf den Leib dabei. Seine Hand tat den Ruck, er schlenkerte sie und ließ sie schnell fallen;
30 ich weiß nicht, weshalb mir so albern grauste dabei, als er mir so ins Gesicht blickte und
seine Stimme sich abmühte und er sich dann noch einmal nach mir umwandte und die
Hand hob: Dafür, mein Lieber, werde ich mich noch bei dir revanchieren."
So erzählte es Martin, und Martin wurde nach seinem Unteroffizierslehrgang versetzt zu
einer anderen Kompanie damals, als der neue Feldzug begann. Eines Tages war er mit
35 drei Leuten seiner Gruppe unterwegs nach vorn, das Gelände lag unter einem schwachen
planlosen Feuer. Links hinauf hatten sie einen mäßigen Hang, rechts den Wald, mit dem
der Nachbarabschnitt anfing. Da lag am Waldrand, mit einer Zeltbahn zugedeckt, ein
Toter.
„Ich möchte wissen, wer's ist", sagte Martin und spähte hinüber, aber den Leuten stand
40 der Kopf nicht danach, sie mochten sich nicht aufhalten und stapften zu, und nur einer
sagte: „Soll ich nachsehen gehen, Herr Unteroffizier?" „Nein", sagte Martin, „bleibt ihr

auf dem Weg, ich hole euch ein. Seht zu, dass ihr weiterkommt." – Denn er konnte nicht dagegen an, es zwang ihn, unter der Zeltbahn nachzusehen, wer darunterläge. Und er war eben daran, einen Zipfel aufzuheben, da fauchte es seitwärts, und blitzschnell warf er sich hin. Wie er aber den Kopf hob, da hatte ein Doppeleinschlag seine drei Leute zerrissen im Augenblick, als sie die Höhe des Hanges erreichten. Er wollte vorstürzen und hinlaufen, doch plötzlich kam es ihm wieder, was ihn zu dem Umweg bewogen habe. Jetzt hob er den Zipfel vollends auf und spähte darunter: da lag der Mann drunten, dem er damals die Wache abgenommen und der zu ihm gesagt hatte: „Dafür werde ich mich noch revanchieren."

Übung

Schreibe nun selbstständig eine Inhaltsangabe zu dieser Geschichte. Ein Beispiel für eine Inhaltsangabe findest du im Lösungsteil.

Super, dass du bis hierher durchgehalten hast –
jetzt müsstest du wirklich fit sein!
Toi, toi, toi bei der nächsten Klassenarbeit!
Mach's gut und tschüss!

Quellenverzeichnis

Deutsch   7./8. Klasse

Gisela Mertel-Schmidt

Aufsatz: Inhaltsangabe

Lösungsteil
(an der Perforation heraustrennen)

Mentor Übungsbuch 801

Mentor Verlag München

B Text 1: Die Sehnsucht fährt schwarz (Rafik Schami)
1. Wozu eine Inhaltsangabe dient und was du vor dem Schreiben tun solltest

Übung 1

Wichtig ist eine sachliche Begründung, z. B.
Mir gefällt die Geschichte, weil sie so wirklichkeitsnah ist.
Mir gefällt die Geschichte, weil die Gefühle der Personen verständlich werden.
Mir gefällt die Geschichte, weil man die Probleme von Gastarbeitern besser versteht.
Mir gefällt die Geschichte nicht, weil nicht wirklich etwas passiert.
Mir gefällt die Geschichte nicht, weil man zu wenig über die Personen erfährt.

Übung 2

1. Zusammengesetztes Substantiv aus Arbeiter und Gast (= Besucher, Fremder); jemand, der nicht aus dem Land stammt, in dem er arbeitet.
2. Istanbul, Izmir: Türkei; Bukarest: Rumänien; Sofia: Bulgarien
3. Er schaut bei der Abfahrt des Zuges zu, der in seine Heimat fährt.
4. Yunus stellt sich vor, er fahre mit diesem Zug zu seiner Familie.
5. Er würde gern in der Türkei bei seiner Frau und seinen Kindern leben und gleichzeitig in Deutschland Geld für sich und seine Familie verdienen.
6. Zwei Jahre.
7. Seine Mutter, seine Frau Songül, vier Kinder: Sohn Niyazi, 10 Jahre, Tochter Hülya, ein Kind wird nicht namentlich genannt, Sohn Kemal, drei Jahre.
8. Der jüngste Sohn, der erst ein Jahr alt war, als der Vater nach Deutschland ging.
9. Er erkennt seinen Vater nicht wieder, für ihn ist er ein Fremder mit kratzendem Bart.

Übung 3

Damit du besser verstehst, welche Wörter wichtig und welche weniger wichtig sind, haben wir hier alle Wörter aufgelistet und zu allen eine Begründung gegeben. Besonders wichtig sind die vier unterstrichenen Wörter.

1. Bahnhofsuhr. Sie verdeutlicht den Ablauf der Zeit bis zur Abfahrt des Zuges.
2. Bank. Es wird klar, dass die vier Freunde nicht am Gleis stehen, weil sie nicht gekommen sind, um jemanden zu verabschieden.
3. Vier Freunde. Yunus ist mit ihnen an den Bahnhof gekommen, um der Abfahrt des Zuges zuzusehen. Danach kommen sie nicht wieder vor.
4. Lautsprecher. Sie kündigen die bevorstehende Abfahrt des Zuges an.
5. <u>Sehnsucht</u> – Wichtig. Sie ist der Grund, warum die vier Freunde der Abfahrt zusehen und warum Yunus seine Heimreise träumt.
6. Reklame. Es wird die Stimmung geschildert, die der Anblick des im Neonlicht der Reklame abfahrenden Abendzuges hervorruft.
7. Kartons. Die Enge im Zug wird verdeutlicht.
8. Stier. Der Zug wird mit einem Stier verglichen.
9. Olivenzweig. Er symbolisiert das Alter und die Fruchtbarkeit der Mutter.
10. Krücken. Sie zeigen die fortschreitende Gebrechlichkeit der Mutter.
11. <u>Mutter</u> – Wichtig. Yunus stellt sich vor, wie er seine alte Mutter wiedersieht, was angesichts ihres hohen Alters nicht selbstverständlich ist.
12. <u>Kinder</u> – Wichtig. Yunus stellt sich vor, wie sehr sich seine vier Kinder freuen würden, wenn er heimkäme.
13. <u>Wieder erkennen</u> – Wichtig. Der jüngste Sohn erkennt ihn nicht und wendet sich weinend ab, woran Yunus merkt, wie lange er schon von Zuhause weg ist.

2. Beim zweiten Lesen

Übung 1   *Die fünf Erzählabschnitte sind hier gleich in der richtigen Reihenfolge abgedruckt:*
1. Vier Gastarbeiter am Münchner Hauptbahnhof: Zeile 1 bis 4
2. Beobachtung von vier Freunden am Münchner Hauptbahnhof: Zeile 5 bis 18
3. Yunus' Gefühle bei der Abfahrt des Zuges: Zeile 19 bis 23
4. Traumreise nach Izmir: Zeile 24 bis 65
5. Erkenntnis am Ende des Traumes: Zeile 66 bis 67

Übung 2   Zeile 34 bis 42: Ankunft bei der Familie am Ende der Traumreise
Zeile 43 bis 53: Erwartungen der drei größeren Kinder bei der Begrüßung
Zeile 54 bis 64: Ablehnung durch Kemal, das jüngste Kind
Zusammenfassendes Stichwort: Traumreise *(s. Übung 1, Abschnitt Nr. 4).*

Übung 3   Die Sehnsucht nach seiner Heimat und seiner Familie bewirkt, dass Yunus sich in einem
Tagtraum in den abfahrenden Zug versetzt und von seiner Heimreise träumt.
*Dazu auch: Mentor, Aufsatzschreiben 1, 8.–10. Klasse, S. 43–48, Einen Text abschnittweise
zusammenfassen*

Übung 4   Treffende Formulierung: 4.
In der Geschichte „Die Sehnsucht fährt schwarz" von Rafik Schami geht es um einen
Gastarbeiter, der Heimweh hat und sich deshalb in einem Tagtraum zu seiner Familie in
die Heimat versetzt.
Begründung: Die Formulierungen unter 1., 2. und 5. sind zu allgemein. 1. und 2.
könnten auch zu einem Sachtext passen. In 3. wird nur eine Einzelheit erfasst.

Übung 5   Zeile 29/30; Yunus meint, die Sehnsucht erlaube ihm das Schwarzfahren, das heißt
hier: diesen Traum über alle Grenzen und Kontrollen hinweg.

3. Der Stil der Inhaltsangabe

Übung 1

1. Die vier Freunde beobachten die Abfahrt des Zuges. *Oder:*
   Die vier Freunde blicken sehnsüchtig dem abfahrenden Zug hinterher
2. Yunus stellt sich unterdessen die Ankunft in seiner Heimatstadt Izmir vor. *Oder:*
   Noch bevor der Zug außer Sichtweite ist, stellt sich Yunus vor, wie er in Izmir ankommt.
3. Die Mutter, wohl die Älteste der Familie, ist in den zwei Jahren Abwesenheit sichtbar gealtert. *Oder:*
   An seiner alten Mutter, Begründerin einer großen Familie, sind die zwei Jahre nicht spurlos vorübergegangen.
   Das Bild vom „fruchttragenden Olivenzweig" musst du entschlüsseln: Olivenbäume werden sehr alt (bis zu 1000 Jahre) und tragen lange Früchte. Das Bild steht also für das hohe Alter der Mutter und eine vermutlich recht große Anzahl von Kindern.

Übung 2

1. Yunus ist traurig, weil er nicht in seine zu weit entfernte Heimat fahren kann.
2. Die Reise im überfüllten Zug ist für die von der Arbeit müden Menschen anstrengend.
3. Die drei älteren Kinder freuen sich vor allem auf die Geschenke, die ihr Vater ihnen, wie sie glauben, mitgebracht haben könnte.
4. Yunus ist gerührt, als er sich vorstellt, wie er seine Frau wiedersieht, die ihn sehr vermisst hat.

Übung 3

Du kannst die indirekte Rede mit oder ohne Bindewort „dass" formulieren. Du musst nur darauf achten, dass eine gehäufte Verwendung von „dass" stilistisch unschön ist. In den „dass"-Sätzen kann unter bestimmten Umständen der Indikativ stehen (siehe dazu Übungsteil „Indirekte Rede", S. 18 und 19).

1. Der Lautsprecher verkündet, der Zug nach Istanbul fahre jetzt ab. *Oder:*
   Der Lautsprecher verkündet, dass der Zug nach Istanbul jetzt abfahre.
2. Yunus seufzt, die Heimat sei so weit weg. *Oder:*
   Yunus seufzt, dass die Heimat so weit weg sei.
3. Yunus sagt lachend, die Sehnsucht fahre immer schwarz. *Oder:*
   Yunus sagt lachend, dass die Sehnsucht immer schwarz fahre.
4. Die Kinder schreien, der Vater habe viele Koffer dabei. *Oder:*
   Die Kinder schreien, dass der Vater viele Koffer dabei habe.
5. Yunus fragt, ob er ihn nicht mehr kenne.
6. Kemal erkundigt sich, wer er denn sei.

Folgende Sätze würde ich weglassen: 1., 4. und 5., denn sie sind für das Verständnis der Geschichte nicht wirklich wichtig.
Welche der Sätze in deiner Inhaltsangabe wirklich vorkommen, hängt davon ab, wie du die Zusammenhänge sprachlich darstellst und wo deine Schwerpunkte liegen. In einem bestimmten Rahmen gibt es da natürlich Freiheiten.
Dazu auch: Mentor, Aufsatzschreiben 1, 8.–10. Klasse, S. 37–43, Direkte Rede – Indirekte Rede

Übung 1

1. An einem Abend/Eines Abends treffen sich vier Gastarbeiter am Münchner Hauptbahnhof.
2. Der Zug nach Istanbul steht zur Abfahrt bereit.
3. Im Traum besucht Yunus seine Familie.
4. Wegen ihres Alters geht seine Mutter an Krücken.

Übung 2

1. Vier Gastarbeiter befinden sich am Münchner Hauptbahnhof, weil sie sich nach ihrer Heimat sehnen.
2. Sie halten sich am Gleis 8 auf, von dem der Zug nach Istanbul abfährt.
3. Als der Zug abfährt, versetzt sich Yunus, einer der vier Freunde, in den Zug und träumt von seiner Heimkehr.
4. Als er ihn Izmir ankommt, erwartet ihn seine Familie schon.
5. Yunus war so lange weg, dass seine Mutter nicht gehofft hat, ihn noch einmal zu sehen.

Übung 3

Den Satz 3 solltest du in deine Inhaltsangabe nicht aufnehmen.
1. Grund: Satz 3. gibt den Inhalt nicht ganz richtig wieder: „Die Geschichte endet damit, dass Yunus' kleiner Sohn ihn ablehnt …" – *Das passiert nicht wirklich, sondern nur in Yunus' Vorstellung. „… weil sein Bart ihn kratzt." – Das ist nicht der wirkliche Grund, sondern Kemal erkennt seinen Vater deshalb nicht, weil er zu klein war, als dieser das Land verließ.*
2. Grund: Die Sätze 1., 2. und 4. enthalten für den Zusammenhang wichtige Informationen, sie werden in der Inhaltsangabe vorkommen.

Übung 4

Yunus, ein türkischer Gastarbeiter, sitzt mit drei Freunden am Münchner Hauptbahnhof und beobachtet, wie sich vor der Abfahrt des Zuges nach Istanbul Angehörige von den Reisenden verabschieden.
Yunus versetzt sich in den Zug und träumt seine Heimreise zu seiner Familie nach zwei Jahren.
Yunus' Traum endet mit der Erkenntnis, dass er nach so langer Abwesenheit nicht einmal von seinem eigenen Kind wieder erkannt würde.

Übung 5

So könnte deine Inhaltsangabe nun lauten:
In der Geschichte „Die Sehnsucht fährt schwarz" von Rafik Schami geht es um einen Gastarbeiter, der Heimweh hat und deshalb in einem Tagtraum zu seiner Familie in die Heimat reist
An einem Abend treffen sich vier Gastarbeiter am Münchner Hauptbahnhof, weil sie sich nach ihrer Heimat sehnen, und beobachten, wie sich am Zug nach Istanbul Angehörige von den Reisenden verabschieden. Als der Zug abfährt, versetzt sich Yunus, einer der vier Freunde, in den Zug und träumt einen Tagtraum von seiner Heimreise zu seiner Familie nach zwei Jahren Abwesenheit.
Er stellt sich vor, wie er auf seiner Traumreise zu Hause ankommt und wie er von seiner alten, noch gebeugter gehenden Mutter, seiner Frau und seinen Kindern voller Freude begrüßt wird. Die Kinder hoffen auf Geschenke, doch die Eltern wehren ab, da sie trotz Yunus' Arbeit nicht viel Geld haben. Die drei größeren Kinder springen ohne Scheu um ihren Vater herum, nur der dreijährige Kemal bleibt abseits. Als sein Vater ihn auf den Arm nehmen will, bekommt er Angst und weint, denn er hält Yunus für einen Fremden, da er erst ein Jahr alt war, als dieser das Land verlassen hat.
Yunus Traum endet mit der Erkenntnis, dass er nach so langer Abwesenheit nicht einmal von seinen Kindern wieder erkannt würde, und seine Sehnsucht wird noch verstärkt.

C Übungsteil 1
Indirekte Rede

Übung 1

1. Das Mädchen erzählte, sie sei mit ihrer Familie aus Afghanistan geflohen. *Oder:*
   Das Mädchen erzählte, dass sie mit ihrer Familie aus Afghanistan geflohen sei.
2. Sie sagte, sie trage ein Kopftuch, weil sie Muslimin sei. *Oder:*
   Sie sagte, dass sie ein Kopftuch trage, weil sie Muslimin sei.
3. Die Lehrerin erklärte, gläubige Moslem-Frauen bedeckten ihre Haare mit einem Tuch. *Oder:*
   Die Lehrerin erklärte, dass gläubige Moslem-Frauen ihre Haare mit einem Tuch bedeckten/bedecken.
   Hier kann in der indirekten Rede auch der Indikativ stehen, weil die direkte Rede eine feststehende Tatsache enthält.
4. Interessiert fragten die Mädchen, ob sie das Kopftuch tragen müssten.
In Satz 3 und 4 steht der Konjunktiv 2, da die Formen des Konjunktiv 1 mit denen des Indikativ gleich wären (bedecken, müssen).

Übung 2

Die besten Lösungen sind:
1. Zusammenfassung, weil sie am kürzesten ist: Ein Moslem vergleicht das Kopftuch mit dem Kreuz, das Christen oft an einer Halskette tragen.
2. Indirekte Rede ohne „dass", weil es eine Behauptung ist, die neutral wiedergegeben wird: Eine Frauenrechtlerin behauptet, das Kopftuch diene der Unterdrückung der Frauen.
3. Indirekte Rede mit „dass" und Indikativ, weil es sich um eine feststehende Tatsache handelt: Der Diskussionsleiter erklärt, dass jede Religion ihre Rituale und Traditionen hat.
4. Siehe 2, persönliche Meinung: Ein junges Mädchen aus Persien meint, das Kopftuch könne auch Schutz bedeuten.

Natürlich geht es auch anders. Achte darauf, dass man manchmal ein anderes passendes Wort aus dem Wortfeld „sagen" auswählen muss:
1. Ein Moslem sagt, man könne das Kopftuch mit dem Kreuz vergleichen.
   Ein Moslem sagt, dass man das Kopftuch mit dem Kreuz vergleichen könne.
2. Eine Frauenrechtlerin behauptet, dass das Kopftuch der Unterdrückung der Frauen diene.
   Eine Frauenrechtlerin führt die Unterdrückung der Frauen durch das Kopftuch an.
3. Der Diskussionsleiter erklärt das Kopftuch mit den Ritualen und Traditionen der Religionen.
   Der Diskussionsleiter erklärt, jede Religion habe ihre Rituale und Traditionen.
4. Ein junges Mädchen erwähnt den Aspekt des Schutzes durch das Kopftuch.
   Ein junges Mädchen meint, dass das Kopftuch auch Schutz bedeuten könne.

Übung 3

Du kannst da kürzen, wo die Rede und Gegenrede der Freunde, die schließlich zu Aysins Aussage führen, allzu ausführlich wiedergegeben wird.
Peter fragt Aysin, ob sie mit ins Schwimmbad komme/kommen wolle. Auch Elsie und ihre Freundinnen wollen sie überreden. Aber Aysin erklärt, sie könne nicht mitkommen, da sie nicht schwimmen könne.
Auf den Einwand, sie habe erzählt, ihr Onkel in der Türkei besitze einen Swimming-pool, in dem sie schon oft geschwommen sei, gibt sie zögernd zu, dass ihre Religion es ihr verbiete/verbietet, sich im Badeanzug vor Jungen zu zeigen.

D Text 2: Auf ziseliertem Silber (Josef Reding)
1. Lesen, verstehen, urteilen

Übung 1

1. In den USA, im Staat Louisiana, in der Stadt New Orleans.
2. In Louisiana herrscht subtropisches, feuchtwarmes Klima mit heißen, schwülen Sommern.
   Teile des Mississippi-Deltas sind eine periodisch oder dauernd überschwemmte Sumpflandschaft.
3. Das östliche Louisiana wurde 1682 von Ferdinand de La Salle für Frankreich in Besitz genommen und nach Louis XIV benannt. Es war bis 1763 französische Kolonie. Der westliche Teil Louisianas war von 1800 bis 1803 noch einmal französische Kolonie. Die Louisiana-Franzosen bilden auch heute noch die größte fremdsprachliche Gruppe in den USA.
4. Im Sommer, mittags; sonst gibt es keine Hinweise. Es handelt sich um eine unbestimmte Gegenwart.
5. Ein älteres Ehepaar, ein farbiger Kellner, der Geschäftsführer des Restaurants im Smoking, die zwei „Gorillas".
6. Ihre Hautfarbe: der Erzähler ist weißhäutig, Gloster, sein Freund, dunkelhäutig.
7. In Amerika gibt es immer noch die Rassentrennung und -diskriminierung.
   Ein Drittel der Bevölkerung Louisianas sind Schwarze oder Angehörige anderer Minderheiten. 1868 wurden den Schwarzen in den USA einige Rechte zugestanden, die später wieder aufgehoben wurden. Erst zwischen 1964 und 1966 wurde die Rassentrennung in den USA im öffentlichen Leben mithilfe von Gesetzen und Verfassungsänderungen offiziell verboten. Die Ermordung des Bürgerrechtlers Martin Luther King 1968 hatte ein Erstarken der radikalen afroamerikanischen Bewegung (Black Power) zur Folge, die Rassentrennung ist aber in Wirklichkeit bis heute aufrechterhalten worden. Vor allem gilt das für die Südstaaten.
   Der Autor der Erzählung, Josef Reding, geboren 1929, hat unter anderem in den USA studiert und war Mitglied der Bürgerrechtsbewegung Martin Luther Kings. Die 1977 in dem Band „Schonzeit für Pappkameraden" veröffentlichte Kurzgeschichte trägt also wohl autobiografische Züge.

Übung 2

Es gibt natürlich verschiedene Meinungen, wichtig ist eine überzeugende Begründung.
1. Die Geschichte ist spannend, weil man nicht gleich erfährt, was es mit Gloster auf sich hat. *Oder:*
   Die Geschichte ist spannend, weil nach einem eher ruhigen Anfang plötzlich viel geschieht.
2. Die Geschichte regt zum Nachdenken an, weil man sich über die Folgen der Rassentrennung Gedanken machen muss.
3. Die Geschichte ist langweilig, weil nichts Entscheidendes passiert. *Oder:*
   Die Geschichte ist langweilig, weil manches so ausführlich beschrieben wird, zum Beispiel, wie das Restaurant eingerichtet ist.
4. Die Geschichte ist lehrreich, weil man etwas über die Rassendiskriminierung in den Südstaaten der USA erfährt.
5. Man kann sich mit den Hauptpersonen nicht identifizieren, weil man zu wenig über sie erfährt. *Oder:*
   Man kann sich mit den Hauptpersonen identifizieren, weil die Situation, in die sie geraten, so eindringlich geschildert wird.

2. Beim zweiten Lesen

Übung 1
Zeile 37.
Form: Gloster wird vom Erzähler als „dunkel" wie der Kellner beschrieben, wobei ihn vor allem beeindruckt, dass beide von der feuchten Hitze nichts zu spüren scheinen.

Übung 2
1. Erzähler: Student , fremd im amerikanischen Universitätsbetrieb (Z. 2), nicht schwarz, verträgt Hitze nicht (Z. 4, 9/10, 34/35), wohlhabend (Z. 13, 17–19)
2. Gloster: Student (Z. 1–3), farbig (Z. 37, 63), nicht wohlhabend (Z. 15), an das Klima gewöhnt (Z. 35–37)

Übung 3
Z. 4: „feuchtigkeitsschwangere Luft"; Z. 6/7: „Klimaanlage"; Z. 10: „subtropisches Klima"; Z. 20–22: „Selbst die Autos schwitzen …"; Z. 34–36: „Das Hemd klebt an den Schulterblättern …"

Übung 4
Du kannst den Satz auch anders formulieren, aber alles, was blau gedruckt ist, muss in irgendeiner Form enthalten sein:
Der Ich-Erzähler, ein weißer Student, trifft eines Mittags einen farbigen Freund namens Gloster im sommerlich-heißen New Orleans, um von ihm Informationen über das amerikanische Universitätssystem zu bekommen.

Übung 5
1. Ab Zeile 1: Der Erzähler unterhält sich mit Gloster.
2. Ab Zeile 4: Er verträgt die Hitze nicht und schlägt vor, in ein Restaurant zu gehen.
3. Ab Zeile 20: Die Freunde gehen durch die heiße Stadt zu einem Lokal.
4. Ab Zeile 28: Sie betreten das Restaurant und nehmen Platz.
5. Ab Zeile 39: Reaktion des Kellners auf den Anblick Glosters.
6. Ab Zeile 46: Der Geschäftsführer greift ein.
7. Ab Zeile 55: Der Kellner bringt ein Tablett mit dem Zettel für Gloster.
8. Ab Zeile 68: Reaktionen der beiden Freunde auf den Zettel.
9. Ab Zeile 84: Der Erzähler beharrt auf seinem Recht und provoziert eine Schlägerei.
10. Ab Zeile 103: Sie werden gewaltsam hinausgeworfen.
11. Ab Zeile 113: Dialog, Gloster versteht das Verhalten des Freundes nicht.
12. Ab Zeile 120: Der Erzähler verschiebt seine Erklärungsversuche.

Übung 6
ziseliert: mit Mustern und Ornamenten verziert
Voliere: großer Vogelkäfig, in dem Vögel frei herumfliegen können
Gravur: eine in Metallflächen, Stein, Elfenbein u. a. eingeritzte bildliche Darstellung oder Schrift
Countdown: bis zu Null (= Start) zurückschreitende Ansage der Zeiteinheiten, z. B. vor dem Start von Raketen

3. Dinge und Abläufe zusammenfassen

Übung 1

Gegenstand	a) ausdrücklich erwähnt	b) unter einem Oberbegriff zusammengefasst
Handschuhe		x
Springbrunnen		x
Ziersträucher		x
Volieren		x
Leinen-Tischtuch		x
Speisekarte	x	
Lianenvorhang		x
Smoking		x
Schreibblock		x
Silbertablett	x	
Zettel	x	

Übung 2

Für Leinen-Tischtuch, Smoking: teures Restaurant
Für Springbrunnen, Ziersträucher, Volieren, Lianenvorhang: Dekoration wie ein Palmenhaus
Für Handschuhe: Gäste, die in übertriebener Weise Wert auf äußere Formen legen
Nicht wählen solltest du: Drei-Sterne-Lokal, weil es nicht eigentlich um die Qualität der Speisen geht, und Vornehmes Ehepaar, denn es ist nicht vornehm, sich wegen so einer Lächerlichkeit zu streiten.

Übung 3

1. Das Silbertablett ist für die Handlung wichtig, weil der Kellner darauf den Zettel zum Tisch der beiden Freunde bringt. Keiner will den Zettel berühren: Gloster nimmt ihn nicht, der Kellner lässt ihn einfach herunterfallen, indem er das Tablett schräg hält.
2. Es hat symbolische Bedeutung, weil es sehr fein und schön gestaltet ist, elegant wie das ganze Ambiente des Restaurants, und dadurch in krassem Gegensatz zum aggressiven und beleidigenden Text des Zettels steht.

Übung 4

Die Szene vor dem Lokal soll zeigen, dass
1. die Menschen, die das Lokal besuchen, in grotesker Weise (Handschuhe bei Sommerhitze!) Wert auf äußere Formen legen. Eine elegant gekleidete Schicht der Gesellschaft will dort unter sich sein. Schwarze haben keinen Zutritt.
2. es ein so genanntes „besseres" Lokal ist, das Leute besuchen, die sich für vornehm halten.

Übung 5

1. Der Erzähler schlägt einen Restaurantbesuch vor, weil er die Hitze nicht verträgt und dort mit einer Klimaanlage rechnen kann.
2. Der Kellner legt nur eine Speisekarte auf den Tisch, weil Gloster als Farbiger in dem Lokal nicht bedient wird.
3. Der Erzähler will das Lokal trotz der Aufforderung nicht verlassen, weil er sich im Recht glaubt.
4. Gloster lehnt sich nicht auf, weil er die ungerechte Behandlung gewohnt ist und weiß, dass er in solchen Situationen den Kürzeren zieht.
5. Die „Gorillas" behaupten, die Freunde seien betrunken, damit die Passanten den wahren Grund des Hinauswurfs nicht erfahren.

4. Die Inhaltsangabe überarbeiten

Übung 1

Die Kurzgeschichte „Auf ziseliertem Silber" von Josef Reding handelt von zwei Männern, von denen der eine weiß, der andere farbig ist und die gewaltsam zum Verlassen eines Restaurants gezwungen werden.
Umgangssprachliche Ausdrücke wie „schmeißen" gehören nicht in eine Inhaltsangabe.

Übung 2

In der Kurzgeschichte „Auf ziseliertem Silber" von Josef Reding geht es um Rassendiskriminierung und den unterschiedlichen Umgang damit.
Oder:
In der Kurzgeschichte „Auf ziseliertem Silber" von Josef Reding geht es um zwei Freunde unterschiedlicher Hautfarbe, die entsprechend verschieden auf eine Erfahrung der Benachteiligung wegen der Zugehörigkeit zu einer Minderheit reagieren.
*Der Begriff „**Rassendiskriminierung**" sollte sinngemäß erscheinen. Bedeutung: die aufgrund ethnischer Unterscheidungsmerkmale negative Beurteilung und Behandlung von Minderheiten.*

Übung 3

Der Erzähler schildert (*wegen der stilistischen Ungeschicklichkeit „Erzähler – erzählen"*), wie er einen amerikanischen Studienfreund in New Orleans trifft.
Obwohl die Geschichte autobiografische Züge trägt (siehe S. 61), sind Autor und Erzähler nicht identisch. Auch der Ich-Erzähler ist eine erfundene, aus verschiedenen Erfahrungen und Vorstellungen zusammengesetzte Figur.
Die Inhaltsangabe wird im Präsens geschrieben. Es handelt sich dabei um eine neutrale Zeit.

Übung 4

Das Gespräch über die Klimaanlagen ist für das Verständnis nicht wichtig.
Da der Erzähler die feuchtheiße Luft der Südstaaten schlecht verträgt, schlägt er vor, das Gespräch in ein klimatisiertes Restaurant zu verlegen.

Übung 5

Die Freunde gehen in der Mittagshitze durch die Stadt zu dem Restaurant. *Oder:*
Die Freunde durchqueren die fast menschenleere Stadt auf dem Weg zu dem Restaurant.

Übung 6

Nachdem die Freunde Platz genommen haben, kommt ein Kellner,
der wie Gloster ein Farbiger ist, mit zwei Speisekarten an ihren Tisch.
Als er Glosters Hautfarbe sieht, legt er nur vor den Erzähler eine Speisekarte.
Der Erzähler ist überrascht, weil/da er die zweite Karte wieder mitnimmt. *Oder:*
Der Erzähler ist überrascht, denn er nimmt die zweite Karte wieder mit.
Aber sie behelfen sich mit einer Karte. *Oder:* Trotzdem behelfen sie sich mit einer Karte.
Oder:
Obwohl der Erzähler überrascht ist, dass er die zweite Karte wieder mitnimmt, behelfen sie sich mit einer Karte.

Übung 7

In der Inhaltsangabe darf keine wörtliche Rede stehen.
Gloster fragt seinen Freund, warum er diesen Wirbel gemacht habe.
Er erklärt ihm, er sei es gewohnt/dass er es gewohnt sei, freiwillig zu verschwinden, wenn man ihn nicht haben wolle.

Übung 8

Muster einer Inhaltsangabe
Du wirst die meisten Sätze wiedererkennen, weil du sie schon einmal geschrieben hast:
als Lösungen zu den Übungen.

Inhaltsangabe
In der Kurzgeschichte „Auf ziseliertem Silber" von Josef Reding geht es um die unterschiedliche Art, wie zwei Freunde verschiedener Hautfarbe auf eine Auswirkung der Rassendiskriminierung in den amerikanischen Südstaaten reagieren.

Der Ich-Erzähler, ein weißhäutiger Student, wohl aus Europa, trifft seinen farbigen Freund namens Gloster im sommerlich-heißen New Orleans, um von ihm wichtige Informationen über das amerikanische Universitätssystem zu erhalten. Da der Erzähler im Gegensatz zu seinem dunkelhäutigen Freund die feuchtheiße Luft schlecht verträgt, schlägt er vor, das Gespräch in ein Restaurant zu verlegen.

Dass der Erzähler aus Europa ist, kann man indirekt schließen: Er kennt sich mit dem amerikanischen Universitätssystem nicht aus und er trägt Züge des Autors, der Deutscher ist. (Siehe S. 61, Übung 1).
Das ist erwähnenswert, weil es die verächtliche Behandlung des Freundes im eigenen Land noch deutlicher hervorhebt.

Da sein Freund, der einer sozialen Minderheit angehört, angibt, noch nie außerhalb der Mensa gegessen zu haben, wählt der Erzähler ein offenbar nicht billiges französisches Lokal aus, dessen Speisekarte er schon einmal studiert hat. Die Freunde durchqueren die mittäglich heiße, fast menschenleere Stadt. Vor dem Lokal angekommen, hören sie die Unterhaltung eines Ehepaars, die zeigt, dass es sich um ein elegantes Restaurant handelt, dessen Gäste in lächerlicher Weise Wert auf äußere Formen legen.

Gloster weist selbst darauf hin, als er betont, Restaurants seien „zu teuer für unsereins" (Z. 15).

Das kann man durchaus so sagen, da es in keiner Weise vornehm ist, bei der Hitze und in einem Restaurant Handschuhe zu tragen.

Sie betreten das wie ein Palmenhaus dekorierte Lokal und setzen sich an einen Tisch. Ein farbiger Kellner bringt zwei Speisekarten, legt aber, als er Glosters Hautfarbe sieht, nur eine auf den Tisch vor den Erzähler. Obwohl dieser sich wundert, behelfen sie sich mit der einen Karte. Während sie ihr Essen auswählen, sieht der Erzähler, wie der in einen Smoking gekleidete Geschäftsführer eine Notiz auf einen Zettel schreibt, diese auf ein schön verziertes Silbertablett legt und den farbigen Kellner damit an den Tisch der

Es würde auch genügen, auf die elegante Kleidung hinzuweisen.

4. Die Inhaltsangabe überarbeiten
(Fortsetzung)

Freunde schickt. Die Notiz ist für Gloster bestimmt und steht in krassem Gegensatz zu dem vornehmen Ambiente des Lokals: Gloster wird aufgefordert das Lokal zu verlassen, da man keine „Nigger" bediene.

Das Schimpfwort muss man wohl in Anführungszeichen zitieren, um zu zeigen, wie wenig vornehm der Geschäftsführer mit Minderheiten umgeht. Heute wird bei uns sogar das Wort „Neger" als diskriminierend empfunden, daher muss man sonst „Farbiger" oder „Schwarzer" schreiben.

Da sich der Erzähler wegen seiner Einladung in das Restaurant für das Geschehene verantwortlich fühlt, ruft er nach dem Manager, der als Reaktion zwei Angestellte beauftragt, die beiden Freunde aus dem Lokal zu werfen, was diese nach einer erfolglosen Aufforderung in einer kuriosen Mischung aus Englisch und Französisch auch versuchen. Gloster möchte der Aufforderung gern folgen, während sein Freund ihn auffordert sitzen zu bleiben, da er sich gegen die ungerechte Behandlung wehren will.

Das wird vom Erzähler fast wörtlich so gesagt (Z. 68–70). Hier gilt es aber, die kurzen Hauptsätze, die für den Sprachstil der Inhaltsangabe typisch sind, zu einem Satzgefüge zu verbinden.

Ob man das ausdrücklich erwähnen muss, sei dahingestellt, zumal es für New Orleans nicht ungewöhnlich ist.
Das muss man erschließen, ausdrücklich wird nicht gesagt, warum der Erzähler nicht Gloster folgt.

Die beiden „Gorillas" greifen Gloster an und es kommt zu einer Schlägerei, weil ihn der Erzähler zu verteidigen versucht. Trotzdem landen beide vor der Tür. Um kein Aufsehen bei den Passanten zu erregen, behaupten die Angestellten laut, es handle sich um Betrunkene. Wegen der Verletzungen, die allerdings bewusst so beigebracht wurden, dass sie nicht sichtbar und damit nicht nachweisbar sind, bestätigen die beiden ungewollt diesen Eindruck, da sie sich nur torkelnd fortbewegen können.

Es ist schwer, einen sprachlich angemessenen Ausdruck für den „Beruf" des „Rausschmeißers" zu finden, also muss man sich hier wohl mit Anführungszeichen helfen.

Das kann man aus Z. 111 erschließen, wo es heißt, die Gorillas seien „geschickt" vorgegangen.

Am Schluss kommt es zu einem kurzen Dialog zwischen den Freunden, weil Gloster die ganze Szene für überflüssig hält, da er gewohnt sei zu verschwinden, wenn man ihn nicht haben wolle.

Man könnte sogar von einem „Streit" sprechen.

Der Erzähler findet, er sei zu erschöpft, um ihm seine Auffassung von Gerechtigkeit zu erläutern, und verschiebt es auf eine andere Gelegenheit.

Da es sich um einen Schlüsselbegriff zum Verständnis der Geschichte handelt, muss er ausdrücklich genannt werden.
Es wäre zu überlegen, wer von den beiden eher Recht hat und wer vernünftiger gehandelt hat. Das geht aber über die Aufgabe einer Inhaltsangabe hinaus.

Übung 1

1. Unser Schulfest ist immer der Höhepunkt des Schuljahres, deshalb bereiten wir es gut vor.
2. Da jede Klasse ein Projekt anbieten soll, müssen die Kinder es sich rechtzeitig überlegen, wenn sie etwas vorbereiten wollen.

Übung 2

Vier Wochen vor dem letzten Schulfest, das unter dem Motto „Mode" stehen sollte, stellte sich heraus, dass die Klassen 5a, 6b, 6c, 7d und 10a kein Projekt hatten.
Da nur noch wenig Zeit blieb, wurden ihnen einfach Themen zugeteilt.
Das war aber/jedoch nicht so gut, denn es entstand ein Streit zwischen den Mitschülern.
Sollten sie sich zu den vorgegebenen Themen etwas ausdenken oder lieber ein eigenes Projekt entwickeln?
Und was würde mit den Klassen geschehen, die sich nicht einigen konnten?
Weil alle Schüler protestierten, drohte das ganze Fest ins Wasser zu fallen.
Nicht verwenden konntest du: dagegen, obwohl, hingegen.

Übung 3

Michi aus der 7d erzählt:
Nachdem wir letzten Montag von unseren Klassensprechern erfahren hatten, dass wir beim Sommerfest eine Modenschau organisieren sollten, gab es erst einmal eine lange Diskussion. Schließlich konnten wir uns einigen, das Projekt zu organisieren. Dann ging es erst richtig los: Da die Jungen nicht wussten, was sie dabei tun sollten, beschlossen Jungen und Mädchen, Kleider zu tauschen. So konnten alle mitmachen.
Bestimmt hast du es gemerkt: Alle „ups"-Wörter sind Konjunktionen, alle „boff"-Wörter sind Adverbien. Die nächsten Übungen macht noch deutlicher, worin der wesentliche Unterschied besteht.

Übung 4

1. Fritz kam im Abendkleid, denn/doch/jedoch/und Eva präsentierte einen Herrenanzug.
2. Fritz kam im Abendkleid, als/bevor/da/damit/(so)dass/weswegen/wenn Eva einen Herrenanzug präsentierte. *Oder:*
   Fritz kam im Abendkleid, nachdem Eva einen Herrenanzug präsentiert hatte.
   Bei „nachdem" musst du die Zeitenfolge beachten: Nach Präsens im Hauptsatz steht Perfekt (z. B. Fritz kommt im Abendkleid, nachdem Eva einen Herrenanzug präsentiert hat), nach Präteritum steht Plusquamperfekt (z. B. Fritz kam im Abendkleid, nachdem Eva einen Herrenanzug präsentiert hatte.)
3. Fritz kam im Abendkleid, dagegen/jedoch/daher/danach/dann/dennoch/deshalb/meistens/plötzlich/stattdessen präsentierte Eva einen Herrenanzug.

Übung 5

1. <u>Fritz</u> <u>kam</u> im Abendkleid, denn/doch/jedoch/und <u>Eva</u> <u>präsentierte</u> einen Herrenanzug.
2. <u>Fritz</u> <u>kam</u> im Abendkleid, als/bevor/da/damit/(so)dass/weswegen/wenn <u>Eva</u> einen Herrenanzug <u>präsentierte</u>. *Oder:*
   <u>Fritz</u> <u>kam</u> im Abendkleid, nachdem <u>Eva</u> einen Herrenanzug <u>präsentiert hatte</u>.
3. <u>Fritz</u> <u>kam</u> im Abendkleid, dagegen/jedoch/daher/danach/dann/dennoch/deshalb/meistens/plötzlich/stattdessen <u>präsentierte</u> <u>Eva</u> einen Herrenanzug.

F Text 3: Darum sind Behinderte in Mode (Claudia Mayer)

1. Der Umgang mit einem Sachtext

Übung 1   Absicht: Argumentation – die Autorin entwickelt einen Gedankengang zum Thema Pro und Contra Werbung mit Behinderten.
Form: Journalistischer Text, hier: Kommentar – die Autorin gibt ihre eigene Meinung wieder.

Übung 2   Der Kommentar (= Textsorte) von Claudia Mayer (= Autorin) mit dem Titel „Darum sind Behinderte in Mode" ist in „Jetzt", einem Magazin der Süddeutschen Zeitung (= Stelle der Veröffentlichung) vom 9.11.1998 (= Datum) erschienen.
Diese Informationen sind wichtig, weil der Leser deiner Inhaltsangabe, der sich genauer über den Text informieren will, ihn mit ihrer Hilfe leicht finden kann. Außerdem sagt auch der Ort der Publikation oft etwas über die angesprochene Lesergruppe (= Adressaten), den Inhalt oder die im Text vertretene Meinung aus.

Übung 3   *Drei Stilmittel sind für diesen Text typisch:*
1. Ellipsen: Z. 3–6, 19, z. B. „Schnell wegschauen.", „Noch ein schneller, heimlicher Blick – wieder weg."
2. Umgangssprache: Z. 24, 53, z. B. „Hingucker", „der … schockt"
3. schildernde Adjektive: Z. 5, 10, 13, 15, 31, 61, z. B. „rundgesichtig", „schmaläugig"

Übung 4   Unzutreffend: Nr. 2   *Die Werbung von Benetton ist nicht das Thema.*
Zu umfangreich: Nr. 5   *Ein Teil der Inhaltsangabe wird vorweggenommen.*
Zutreffend: Nr. 3
Unvollständig: Nr. 1, 4   *Es wird nur ein Teilaspekt erfasst.*

Übung 5   Zeile 65 bis 76
Ergebnis: Die Aufmerksamkeit, die durch die Werbekampagnen auf Behinderte gelenkt wird, rechtfertigt solche Aktionen, denn der Anblick Behinderter bekommt dadurch mehr Selbstverständlichkeit. Oder: … denn der Anblick Behinderter verliert an Sensationswert.

Übung 1

1. Abschnitt, Zeile 1 bis 9: Gesellschaftliche Norm, Behinderte dürfe man nicht anschauen.
2. Abschnitt, Zeile 9 bis 19: Behinderte als Models für Werbeplakate, z. B. für Benetton
3. Abschnitt, Zeile 20 bis 59: Argumente **gegen** Werbekampagnen mit Behinderten
   a. Zeile 20 bis 46: Werbung mit Behinderten bewirkt keinen Bewusstseinswandel
   b. Zeile 47 bis 59: Werbung mit Behinderten bewirkt keine Verhaltensänderung
4. Abschnitt, Zeile 60 bis 72: Argumente **für** die Kampagne: Aufklärung und Gewöhnungseffekt
5. Abschnitt, Zeile 73 bis 76: Ausblick auf die persönliche Folgerung aus den Überlegungen

Übung 2

Typ 2
Die Autorin führt Argumente für und gegen die neue Form der Werbung mit Behinderten an.

Übung 3

3. Unmittelbarer Einstieg in eine szenische Darstellung
Gemeint ist die Szene zwischen Mutter und Kind in der U-Bahn.
Eine Besonderheit bei manchen Zeitungstexten ist, so wie hier, der Untertitel. Damit wird der Leser auf das Thema vorbereitet und er kann entscheiden, ob es ihn interessiert. Bei unserer Frage geht es aber um den eigentlichen Textbeginn.

Übung 4

Einleitung: Zeile 1 bis 19
Hauptteil: Zeile 20 bis 72
Schluss: Zeile 73 bis 76

Übung 4

2. Der Text beginnt mit einem szenischen Einstieg, aus dem sich die These ergibt, dass man Behinderte nicht als anomal betrachten solle.
Begründung: Der Inhalt der Anfangsszene (Mutter mit Kind in der U-Bahn) ist für die Inhaltsangabe nicht wichtig.

Übung 6

1. Gegen die Werbekampagne:
   kein Anstoß zum Nachdenken
   Befriedigung von Schaulust*
   keine Beeinflussung des Schönheitsideals
   Keine Änderung des Verhaltens gegenüber Behinderten
2. Für die Werbekampagne:
   Hinschauen bewirkt eine Art Aufklärung
   Gewöhnungseffekt: Behinderte werden als normal akzeptiert

* „Voyeurismus" bedeutet hier: Trieb, etwas Ungewöhnliches oder etwas aus der Norm Fallendes anzuschauen. Eigentliche Bedeutung: die Perversion, Luststeigerung durch Betrachten sexueller Motive oder Handlungen zu suchen.

3. Gedankliche Zusammenhänge formulieren

Übung 1

Deshalb, folglich, außerdem, darüber hinaus, des Weiteren, also, daher, davon abgesehen, nun, trotzdem, im Gegensatz dazu, im Weiteren, dennoch, nichtsdestotrotz, aber, jedoch, in Anbetracht, neben, infolgedessen, nichtsdestoweniger, obwohl, angesichts, nur, ausgenommen, auch, oder, zusammenfassend, abschließend, dadurch, deswegen, in Zusammenhang mit, wegen, …

Behaupten, in Frage stellen, erklären, erläutern, anführen, entgegenhalten, begründen, beweisen, erörtern, ausführen, darstellen, anregen, widersprechen, anfügen, darlegen, widerlegen, zusammenfassen, abschließen, sich fragen, beantworten, sich auseinander setzen, auslassen, annehmen, unterstellen, hinzufügen, belegen, ergänzen, erwähnen, …

Zur logischen Verbindung von Aussagen auch: Mentor, Aufsatzschreiben 1, 8.–10. Klasse, S. 48–61

Übung 2

1. Behinderte soll man trotz ihres auffallenden Äußeren nicht anstarren.
2. Jahrhundertelang galt das Schönheitsideal der Symmetrie und Makellosigkeit.
3. Evolutionsforscher sprechen von einem dem Menschen angeborenen Schönheitsideal.
4. Der Kleiderhersteller kann sich die Fertigung von spezieller Behindertenkleidung nicht vorstellen.
5. Man hofft auf eine Verhaltensänderung/Änderung des Verhaltens gegenüber Behinderten.

Allerdings solltest du darauf achten, dass du dieses Mittel der Verkürzung nicht zu oft einsetzt, da es sonst einen unschönen Stil bewirkt, den man „Nominalstil" nennt und der auch in sachlichen Texten schwerfällig wirkt.

Übung 3

1. Werbekampagnen sollen betroffen machen. Zeile 20–24
2. Werbekampagnen mit Behinderten oder Kranken könnten das Schönheitsideal beeinflussen. Zeile 34–38
3. Das Verhalten gegenüber Behinderten verändert sich durch diese Werbung nicht. Zeile 47–52
4. Nicht-Behinderte haben über Behinderte zu wenig Informationen. Zeile 60–64

Übung 4

Z. 9–19: Werbekampagnen, die Behinderte offen zur Schau stellen.
Z. 34–46: Meinungen zum Schönheitsideal
Z. 56–59: Erfolg der Werbekampagne ist kein Beweis für Veränderung

Übung 5

Statt Informationen beherrschen Halbwissen und Vorurteile das Denken.

Übung 1

Es ist kaum zu <u>läugnen</u> (R) → leugnen, <u>das</u> (R) → dass die Werbung mit Behinderten den „Voyeurismus" der Menschen befriedigt. Es stellt sich <u>nichtsdestoweniger</u> (A) → daher die Frage, ob diese Kampagnen nur negative oder auch positive Aspekte <u>hätten</u> (Gr) → haben. Zu bedenken ist, dass kein echter Bewusstseinswandel <u>gegen Behinderte</u> (A) → gegenüber Behinderten bewirkt und die feste Vorstellung von dem, <u>das</u> (A) → was schön ist, nicht <u>beeinflußt</u> (R) → beeinflusst wird.

Auch nach den neuen Rechtschreibregeln gibt es noch ein „ß". Es steht aber nur nach langen Vokalen (z. B. das Maß) und Doppellauten (Diphthongen) (z. B. äußern).

Übung 2

1. Eine gesellschaftliche Konvention fordert, dass man Behinderte nicht anschauen solle, während die neuen Werbeplakate dies ausdrücklich erlauben.
2. Die neue Werbung soll Aufmerksamkeit und Betroffenheit bewirken.
3. Die Behindertenorganisationen nahmen die Werbeaktionen positiv auf und sagten einen Bewusstseinswandel bei Nicht-Behinderten voraus.
4. Wenn die Behindertenorganisationen glauben, die Werbekampagnen bewirkten einen Bewusstseinswandel, da sie Gefühle erweckten, so ist diese Hoffnung sicher übertrieben.
5. Da viele von uns keine Behinderten aus dem Alltagsleben kennen, halten sich viele Vorurteile. *Oder:* Da für viele Menschen der Umgang mit Behinderten nicht selbstverständlich ist, haben sich viele Klischees im Bewusstsein verankert.
6. Durch die Plakate mit den behinderten Models kann eine Art Aufklärung erreicht werden. *Oder:* Durch die Plakate mit den behinderten Models können zumindest mit dem Aussehen der Behinderten wirkliche Erfahrungen gemacht werden.
7. Nur wenn auch in der normalen Werbung Behinderte selbstverständlich vorkommen, gewöhnen wir uns wirklich an sie.
8. Die Autorin zieht am Schluss das persönliche Fazit, sie könne es sich vorstellen, dass für sie der Anblick Behinderter in der Öffentlichkeit durch solche Aktionen mit der Zeit alltäglich werde.

Übung 3

Beachte bei deiner Stellungnahme, dass du keine Argumente aus dem Text einfach übernehmen darfst. Es sollte zumindest ein neuer Aspekt dazukommen.
Ich bin **gegen** die Werbung mit Behinderten, weil
– sie der öffentlichen Schaulust noch mehr ausgesetzt werden.
– sie von den Fotografen und den Großfirmen ausgenutzt werden.
– ihnen dadurch nicht geholfen wird.
– sie gerade dadurch als etwas Außergewöhnliches hervorgehoben werden.
– sie möglicherweise der Belustigung dienen, ohne sich wehren zu können.
Ich bin **für** die Werbung mit Behinderten, weil
– die Aufmerksamkeit der Öffentlichkeit auf eine Minderheit gelenkt wird, die es zu unterstützen gilt.
– Großkonzerne an ihre Verpflichtungen gegenüber Behinderten erinnert werden, zum Beispiel was die Erfüllung einer Anstellungsquote angeht.
– die Möglichkeit, dass auch Behinderte ein lebenswertes Leben führen können, verdeutlicht wird.
– das Schema der illusionären Werbewelt durchbrochen wird.
– Werbung einen Sinn bekommt, der über den rein kommerziellen Nutzen hinausgeht.

Zur Inhaltsangabe von Sachtexten: Mentor, Keine Angst vor dem Aufsatz, 5.–7.Klasse, S. 69–84 und: Aufsatzschreiben 1, 8.–10. Klasse, S. 63–71

G Übungsteil 3
Sachlich schreiben

Übung 1

1. Die Wartung der Rakete beginnt.
2. Unter Beteiligung von mehreren hundert Menschen wird ein Zeltlager aufgebaut.
3. Millionen begrüßen den Mondaufgang.
4. Sie kamen bei hellem Mondschein an.
5. Beim Anblick der Mondreisenden sangen sie die Nationalhymne.
6. Ein Klang wie Donnerhall war über dem Lager. *Oder:* Ein Klang wie Donner hallte über das Lager.
7. Die Reisenden waren zum Einstieg bereit.

Übung 2

1. Um 22 Uhr verabschiedeten sich die Reisenden von ihren Freunden und begannen, in die Rakete einzusteigen, was einige Zeit in Anspruch nahm. *Oder:* Um 22 Uhr verabschiedeten sich die Reisenden von ihren Freunden und begannen den langwierigen Einstieg in die Rakete.
2. Als der Mond genau zwischen Horizont und Zenit* stand, wurde nach einem spannenden Countdown die Rakete mit einer gewaltigen und zerstörerischen Explosion gezündet.
   * Zenit = der senkrecht über dem Beobachtungsort liegende Punkt des Himmelsgewölbes

Übung 3

1. Es blieb den Wartenden während langer Wochen versagt, den Mond zu sehen.
2. Er murmelte etwas Unverständliches.
3. Man musste beim Aufstellen der Zelte ausreichend Abstand einhalten, damit die Bewohner sich nicht gegenseitig störten.
4. Vom Moment seiner Erkrankung an hatte er an den Vorbereitungen zur Mondreise nicht mehr teilnehmen können. *(Erkrankung bezeichnet den Beginn der Krankheit)*
5. Das allgemeine Geschrei störte die Anwohner empfindlich.
6. Es lässt sich kaum beschreiben, mit welcher Begeisterung die Mondfahrer empfangen wurden. *(definieren = bestimmen, klarmachen, eine Begriffsbestimmung geben)*
7. Eine Folge des Abschusses war ein Erdbeben.
8. Dass die Begeisterung trotz der Zerstörungen groß war, ist verständlich.
9. Das Thema des Romans ist die Reise zum Mond.
10. Viele Menschen benehmen sich Benachteiligten gegenüber unsozial. *(Asozial ist, wer sich nicht in die Gemeinschaft einfügen kann.)*

Übung 4

Natürlich stimmt auch jeder andere Satz, in dem das betreffende Wort dieselbe Bedeutung hat.

1. Es ist untersagt, die Feuerlöscher von der Wand zu nehmen.
5. Schmerzhaftes Erleben macht empfindsam für das Leiden anderer. *(= feinfühlig)*
7. Der Politiker zog aus der Diskussion die Folgerung, dass er das Programm seiner Partei ändern müsse. *(= Schluss, Konsequenz)*
8. Das fünfjährige Kind ist schon recht verständig. *(= einsichtig, klug)*
9. Die Thematik des Werks ist die Geschichte der Rockmusik der letzten 20 Jahre. *(= Themenkreis)*
   Gerade der Begriff „Thematik" wird heute auch in den Medien oft unüberlegt eingesetzt, weil er gewichtiger klingt als „Thema".

Übung 1

1. Die Sekretärin, der Erzähler und Tobias Hull bzw. sein Doppelgänger.
2. Der Erzähler und „Tobias Hull". *Die Sekretärin dient nur als „Zeugin", damit der Erzähler glaubwürdig wirkt.*
3. Er fühlt sich gestört, da er einen der anscheinend häufigen Vertreterbesuche erwartet.
4. Er ist elegant, korrekt gekleidet, gut aussehend, in den besten Jahren, etwa Mitte vierzig, freundlich, sympathisch.
5. Er hat eine eigenartig vorsichtige Gangart, auffällig exakte, verbindliche Bewegungen, eine müde, etwas monotone Sprechweise, einen fremden Akzent und eine eigentümliche Art, ein leicht jaulendes „Oh!" zu Beginn jeder Rede vorzubringen.
6. Ein mechanischer Doppelgänger von Tobias Hull, dem Chef der Fabrik, in der solche Doppelgänger für Menschen hergestellt werden.
7. Er möchte für das Produkt werben, das in seiner Firma hergestellt wird, und der Erzähler soll einen, wenn nicht sogar zwei solche Automaten bestellen.
8. „Gemeinplätze" sind nichts sagende Redensarten, inhaltsleere Floskeln. Der Automat beherrscht eine Reihe davon, um Konversation machen zu können.

Übung 2

Wesentliche Vorteile: Herz und Verstand sind ausgeschaltet (Z. 32), sodass das routinemäßige (Z. 33) Vorgehen des Automaten nicht gestört wird. Demnach kann der Stellvertreter des Ich die Geschäfte besser erledigen (Z. 54) als das Original. Auch können Duplikat und Original an verschiedenen Orten gleichzeitig (Z. 53) sein. Weitere Vorteile: Der Mensch wird vor vielen unnötigen Zufällen des Lebens bewahrt (Z. 56). Wenn er stirbt, besteht sein Duplikat weiter, sein Tod fiele also nicht auf (Z. 56/57).

Übung 3

„erstaunt" (Z. 18); „das eigentümliche Wesen" (Z. 24); „verstört" (Z. 35); „zweifelnd, misstrauisch" (Z. 40); „seltsam" (Z. 40)

Übung 4

„Aber wenn Sie daran denken, dass die meisten Menschen heutzutage ganz schablonenmäßig leben, handeln und denken, dann werden Sie sofort begreifen, worauf sich unsere Theorie gründet." (Z. 29–32)

Übung 5

Der Erzähler hat bemerkt, dass viele Menschen, denen er begegnet, nicht sie selbst sind, sondern sich zumindest so benehmen, als wären sie ihre eigenen Doppelgänger-Automaten (Z. 82–85).

Übung 6

Gesellschaftliche Regeln/Normen; reines Funktionieren am Arbeitsplatz; Flüchtigkeit der Beziehungen zu anderen Menschen; Nachahmung von Idolen aus Medien, Werbung, Mode

Übung 7

In der Kurzgeschichte „Mechanischer Doppelgänger" von Hermann Kasack geht es darum, dass viele Menschen ihr Leben nicht bewusst und in Übereinstimmung mit sich selbst leben.

2. Eine Kurzgeschichte erkennen

Übung 1
Ort und Zeit: ein beliebiges Büro, keine Zeitangabe, nur: zur Unzeit/ungelegen
Personen: Chef, Sekretärin, eine Art Vertreter; keine Namen außer Tobias Hull, der aber nicht er selbst ist
Handlung: ein Besuch, der aber eine entscheidende Erkenntnis bewirkt, nämlich, dass die meisten Menschen nicht sie selbst sind.

Übung 2
Erzähler: Er ist ein Mensch wie viele andere, der sich normalerweise wohl nicht allzu viele Gedanken macht über das, was er tut.
Besucher: Er verkörpert eher eine Idee, z. B. das Gewissen oder die Verantwortung, zumal seine Erscheinung etwas Unwirkliches hat. Er tritt als eine Art Mahner auf.

Übung 3
1. Die Geschichte beginnt damit, dass eine Sekretärin ihrem Chef einen Besucher meldet.
2. Die Geschichte endet damit, dass der Erzähler über die Menschen nachdenkt.

Übung 4
Welche Sekretärin? In was für einer Firma ist sie angestellt? Wer ist das „Ich", das die Geschichte erzählt? Wann spielt die Geschichte? An welchem Ort?

Übung 5
Warum kommt der angekündigte Angestellte aus Tobias Hulls Firma nicht?
Wer war der angebliche Doppelgänger? Tobias Hull oder ein anderer?
Was wollte er wirklich von dem Erzähler?
Hat der Erzähler wirklich Interesse an einem Doppelgänger, da er hofft, die Aufmerksamkeit der Firma auf sich zu lenken?
Wenn es so ist – was will er dann damit anfangen? Oder hat er die Lehre verstanden, die ihm erteilt worden ist?

Übung 6
Er versucht, einen Doppelgänger-Automaten zu bekommen, oder er bemüht sich, er selbst zu sein und nicht wie sein eigener Doppelgänger schablonenmäßig zu leben.

Übung 7
Schlüsselwort: Doppelgänger
Varianten: Automat, Maschine in Menschenform, Ersatz, mechanischer Doppelgänger, Stellvertreter, Menschenautomaten, Doppelgänger-Automaten, Duplikat
Zeilen: 25, 26; 50, 54; 60, 64, 65, 66, 68
Interessant ist das gehäufte Vorkommen an bestimmten Stellen.

Übung 8
Z. 2: „Keine Vorstellung. Auf meinen fragenden Blick: …"
Z. 4: „Anscheinend ein Ausländer. Immer diese Störungen. Irgendein Vertreter. Oder?"
Z. 11: „Mit der Hand zum Sessel weisend: …"

Übung 1

Unter „Beschreibung der Automaten" kann man zusammenfassen:
- 3. Statt Herz und Verstand: Routine
- 4. System elektrischer Ströme
- 6. Fremdsprachen
- 8. Konversation über Themen wie Wetter, Film, Politik, Malerei
- 11. Rennfahrer-Doppelgänger
- 12. Probleme der Doppelgänger

Übung 2

Eine solche bildliche Darstellung eines Gedankenganges nennt man Mind Map. Sie ist nützlich für Stoffsammlungen und Gliederungen.
Stellvertreter des Ich; Fremdsprachen usw.: Fähigkeiten
Routine; Mechanismus usw.: Funktion
kein Kontakt usw.: Probleme

Übung 3

Zeile 49–58: Der Besucher nimmt es für selbstverständlich, dass der Erzähler so einen Automaten haben will („Wie angenehm wird es für sein, wenn Sie sich erst einen mechanischen Doppelgänger von sich halten") und schildert die Vorteile, die es ihm bringen wird.
Zeile 68–70: Erst hier stellt er die Frage, ob der Erzähler einen Doppelgänger bestellen wolle, lässt allerdings durch die Formulierung („Darf ich also …") kaum eine Ablehnung zu. Darüber hinaus kündigt er den Besuch eines Angestellten seiner Firma an.

Übung 4

A) Sekretärin meldet Tobias Hull an
B) Besuch des Doppelgängers von Tobias Hull
    I. Auftreten des Besuchers
    II. Beschreibung des Automaten
        1. Funktion
        2. Fähigkeiten
        3. Probleme
    III. Besucher bietet dem Erzähler einen Doppelgänger an
    IV. Ausbleiben des Angestellten der Doppelgänger-Firma
C) Erfahrung des Erzählers

Übung 5

Erster Eindruck: zunehmende Verunsicherung durch das selbstbewusste und überlegene Auftreten und den unwahrscheinlich klingenden Bericht („Taschenspielertrick", Z. 41).
Wende ab Zeile 45, denn der Erzähler zeigt immer mehr Interesse und lässt sich nun auch auf eine Diskussion ein („Aber dann werden ja die Menschen allmählich ganz überflüssig.", Z. 59).

Übung 6

Mögliche Gründe könnten sein:
Er will wissen, ob es wirklich Doppelgänger gibt.
Er glaubt, die Vorteile so eines Automaten sinnvoll nutzen zu können.
Er möchte herausfinden, was sich hinter der Gesellschaft verbirgt.

Übung 1

Als Hilfe für dich kannst du dir zu den W-Fragen zunächst Stichpunkte machen:
WER: Sekretärin; Ich = Chef
WO: Büro; Firma (?)
WANN: Keine genaue; Störung (= unpassende Zeit)
WAS: Ankündigung eines Besuchers, Name: Tobias Hull
Eine Sekretärin meldet dem Ich-Erzähler, ihrem Chef, einen Besucher namens Tobias Hull. Obwohl es dem Erzähler offenbar ungelegen kommt, bittet er den Besucher herein.

Übung 2

Das Büro betritt ein freundlicher, elegant gekleideter, etwa 45 Jahre alter Mann, der auf den Erzähler durchaus sympathisch wirkt.

Übung 3

Der Besucher geht so vorsichtig, dass sich der Erzähler fragt, ob er leidend sei, seine Bewegungen wirken fast zu exakt und er hat eine eigentümlich monotone Art zu sprechen, wobei er jede Rede mit einem auffällig klingenden Oh! beginnt.
Dem aufmerksamen Leser wird auffallen, dass sich hier bereits das automatische oder mechanische Verhalten des Besuchers andeutet.

Übung 4

Der Besucher stellt sich vor und erzählt zur Überraschung des Erzählers, dass er ein Automat und ein Doppelgänger des echten Tobias Hull sei, der in seiner Fabrik solche Doppelgänger herstelle.
Oder:
Der Besucher stellt sich routiniert als automatischer Doppelgänger des echten Tobias Hull vor, Chef einer Firma zur Herstellung solcher Automaten.

Übung 5

Das Grundprinzip der Automaten sei, laut Tobias Hulls Doppelgänger, dass Herz und Verstand ausgeschaltet und durch Routine ersetzt seien.
Oder:
Der Vorteil der Automaten sei, laut Tobias Hulls Doppelgänger, dass Herz und Verstand ausgeschaltet seien und sie dank des Ersatzes durch die Routine alle Funktionen eines menschlichen Wesens hätten, sogar störungsfreier arbeiteten.

Übung 6

Es liegt nicht auf der Hand, dass ausgerechnet das, was den Menschen ausmacht, nämlich „Herz" und „Verstand", ihm Probleme bereiten können, also musst du dir überlegen, wie das gemeint sein kann.
Herz und Verstand stören den reibungslosen Ablauf im menschlichen Leben, da Gefühle und Wissen oder rationale Überlegungen oft Verwirrung schaffen.
Dem Automaten wird stattdessen eingegeben, wie er gewandt und geschickt (= routiniert) auf Situationen zu reagieren hat.

Übung 7

Der Vertreter erklärt, dass er sich in sieben Sprachen verständigen könne. ~~Wenn er an den entsprechenden Knöpfen seiner Weste drehe, spreche er fließend Englisch, Französisch oder andere Fremdsprachen.~~
Über allgemeine, aber auch Themen, die eine gewisse Bildung voraussetzen, könne er Gespräche führen, ~~zum Beispiel über das Wetter, Politik, Film, Sport oder abstrakte Malerei.~~
Auch was die Geschwindigkeit seiner Fortbewegung angehe, sei er flexibel und könne sogar Rekorde erzielen. ~~So gebe es schon Duplikate berühmter Rennfahrer und Wettläufer, die ihre Rekorde ständig steigern würden.~~

Übung 8

Auf den Einwand des Erzählers hin, Menschen würden durch die Automaten überflüssig, gibt T. H. zu, dass die Automaten nicht alleine lebensfähig seien.
Oder:
Auf den Einwand des Erzählers hin, Menschen würden durch die Automaten überflüssig, gibt T. H. zu, dass die Doppelgänger nur durch den Kontakt zu echten Menschen funktionsfähig seien.

Übung 9

Obwohl der Erzähler der Herstellung eines Doppelgängers nicht ausdrücklich zustimmt, verspricht das Duplikat von Tobias Hull den Besuch eines Kollegen, der Maß nehmen und die Herstellung einleiten werde.
Oder:
Obwohl der Erzähler nicht wirklich einen Auftrag erteilt hat, verspricht der Doppelgänger, dass ein Angestellter seiner Firma vorbeikommen und für ein Duplikat Maß nehmen werde.

Übung 10

falscher Zusammenhang: Der Erzähler sagt ausdrücklich, er hoffe, die Aufmerksamkeit der Tobias-Hull-Gesellschaft auf sich zu lenken (Z. 79–81).
Wichtiges fehlt: Der Erzähler macht eine entscheidende Beobachtung, das Verhalten seiner Mitmenschen betreffend (Z. 82–85).

Übung 11

Es ist nicht einfach, den Schluss zu formulieren, weil der Erzähler innerhalb seiner Rolle in der Geschichte tatsächlich an die Doppelgänger-Automaten glaubt, während er andererseits im letzten Satz die Erkenntnis vorbereitet, zu der der Leser kommen soll. Die erste Fassung des Schlusses trägt dem Rechnung, während die zweite unbestimmt bleibt. Der Schluss einer Inhaltsangabe erlaubt aber durchaus eine mutige Deutung.
Es stellt sich jedoch heraus, dass weder an diesem noch an einem der folgenden Tage die versprochene Person auftaucht. Der Erzähler hofft aber weiterhin, mit der Firma in Kontakt zu treten, zumal er seit der eigenartigen Begegnung immer öfter Menschen beobachtet, die so leben, als wären sie ihre eigenen Doppelgänger: also leben sie nicht auf die ihnen eigene Art und Weise, sondern gehen vorgezeichnete Wege.
Oder:
Da jedoch weder am nächsten noch an einem der folgenden Tage ein Angestellter der Firma auftaucht, hofft der Erzähler weiter auf sein Erscheinen. Er sieht den Beweis der Existenz von mechanischen Doppelgängern darin, dass er seit dem seltsamen Besuch an vielen Menschen ein Verhalten bemerkt, das sie als ihre eigenen Doppelgänger erscheinen lässt.

I Text 5: Revanche (Gerd Gaiser)

Übung

In der Kurzgeschichte „Revanche" von Gerd Gaiser geht es darum, wie ein Soldat einem Kameraden eine Gegenleistung für einen erwiesenen Dienst verspricht und ihm tatsächlich noch als Toter indirekt das Leben rettet.

Der Erzähler gibt die Geschichte des Unteroffiziers Martin wieder. Während dieser mit seiner Kompanie in einer Kleinstadt in Garnison lag, hatte er einen Kameraden, der zwar recht gut aussah, sich aber durch einen Sprachfehler nur undeutlich artikulieren konnte und sich daher beim Reden eine eigentümliche Handbewegung angewöhnt hatte. Wegen dieser Auffälligkeit wurde er provoziert, verspottet und für unliebsame Dienste eingeteilt.

Eines Tages hat er trotz alledem ein Mädchen gefunden, das mit ihm ausgehen will. Als ihm gerade an diesem Tag eine Wache zugeteilt wird, springt Martin aus spontanem Mitleid heraus ein. Der dankbare Kamerad verspricht ihm nach seinem glücklich verbrachten Abend, sich bei Gelegenheit erkenntlich zu zeigen, was Martin zu seiner eigenen Verwunderung eher mit Schaudern zu Kenntnis nimmt.
Martin wird dann versetzt und nimmt, nun als Unteroffizier, an einem neuen Feldzug teil. Als er sich mit drei Soldaten seiner Gruppe auf Erkundungsgang an einem Hang befindet, sieht er am Waldrand einen mit einer Plane zugedeckten Toten liegen. Seine Leute zeigen sich uninteressiert, aber ihn zwingt eine unbezähmbare Neugier, den Umweg in Kauf zu nehmen, um nachzusehen, wer der Tote sei.

Als er gerade die Plane aufheben will, hört er das Geräusch von Geschossen und wirft sich auf den Boden. Ein erster Blick, nachdem Stille eingekehrt ist, zeigt ihm, dass seine Leute auf der Anhöhe von Granaten zerrissen wurden. Anstatt zu ihnen zu laufen, schaut er doch noch unter die Plane und entdeckt den früheren Kameraden, der sich nun tatsächlich, allerdings auf unbeabsichtigte Art, revanchiert und ihm das Leben gerettet hatte.

Die Entscheidung, ob Zufall oder Fügung im Spiel war, ist eine weltanschauliche Frage, die du hier nicht beantworten kannst und musst.